数字化货币
本质的哲学研究

A PHILOSOPHICAL STUDY
ON THE ESSENCE OF
DIGITAL CURRENCY

张楚 ◎ 著

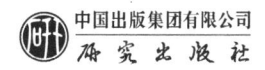

中国出版集团有限公司
研究出版社

图书在版编目(CIP)数据

数字化货币本质的哲学研究 / 张楚著. -- 北京：研究出版社, 2025.8
ISBN 978-7-5199-1676-3

Ⅰ.①数… Ⅱ.①张… Ⅲ.①数字货币-研究 Ⅳ.①F713.361.3

中国国家版本馆CIP数据核字(2024)第087455号

出 品 人：陈建军
出版统筹：丁 波
责任编辑：寇颖丹

数字化货币本质的哲学研究
SHUZIHUA HUOBI BENZHI DE ZHEXUE YANJIU

张 楚 著

研究出版社 出版发行
（100006 北京市东城区灯市口大街100号华腾商务楼）
北京建宏印刷有限公司印刷　新华书店经销
2025年8月第1版　2025年8月第1次印刷
开本：710毫米×1000毫米　1/16　印张：13.5
字数：212千字
ISBN 978-7-5199-1676-3　定价：69.00元
电话（010）64217619　64217652（发行部）

版权所有·侵权必究
凡购买本社图书，如有印制质量问题，我社负责调换。

目 录

导言 ……………………………………………………… **001**

第一章 哲学是如何研究货币本质问题的 …………… **005**

一、亚里士多德的实体和属性学说对货币本质研究的意义 …… 006
（一）实体学说 ……………………………………… 006
（二）属性学说 ……………………………………… 006
（三）实体和属性学说对货币本质研究的意义 ………… 008

二、康德"物自体"和"现象"学说对货币本质研究的意义 ……… 009
（一）物自体 ………………………………………… 010
（二）现象 …………………………………………… 010
（三）"物自体"和"现象"区分的意义 ………………… 010
（四）康德"物自体"和"现象"学说对货币本质研究的意义 …… 011

三、黑格尔理念辩证法对货币本质研究的意义 ……………… 013
（一）黑格尔理念论 ………………………………… 013
（二）黑格尔辩证法 ………………………………… 015
（三）黑格尔理念辩证法对货币本质研究的意义 ……… 015

四、胡塞尔现象学对货币本质研究的意义 ………………… 016
（一）现象学本体论假设的可能性 …………………… 016

（二）现象学揭示本质的方法 …………………………………… 018

　　（三）现象学对货币本质研究的意义 …………………………… 019

五、分析哲学对本质问题研究的意义 ………………………………… 020

　　（一）分析哲学对待本质问题研究的态度 ……………………… 020

　　（二）分析哲学对本质问题研究的语言逻辑分析方法 ………… 022

六、马克思货币本质理论的哲学基础 ………………………………… 023

　　（一）货币的本质和属性的辩证统一 …………………………… 023

　　（二）货币本质的社会属性 ……………………………………… 024

　　（三）马克思关于货币内在矛盾辩证法 ………………………… 027

第二章 货币的经典理论 …………………………………… **029**

一、马克思的货币理论 ………………………………………………… 030

　　（一）马克思货币理论的方法论和本体论基础 ………………… 030

　　（二）货币的起源论 ……………………………………………… 032

　　（三）货币的本质论 ……………………………………………… 033

　　（四）货币的职能论 ……………………………………………… 035

　　（五）货币的运动规律论 ………………………………………… 036

　　（六）货币危机理论 ……………………………………………… 037

二、凯恩斯的货币理论 ………………………………………………… 038

　　（一）凯恩斯货币理论的思想来源 ……………………………… 039

　　（二）凯恩斯货币理论的方法论和本体论基础 ………………… 043

　　（三）凯恩斯货币理论的基本观点 ……………………………… 045

　　（四）凯恩斯对市场机制和政府干预作用的看法 ……………… 048

三、弗里德曼的货币理论 ……………………………………………… 049

　　（一）弗里德曼货币主义的思想来源 …………………………… 049

　　（二）弗里德曼货币理论的方法论和本体论基础 ……………… 052

（三）弗里德曼货币理论的主要观点 ················· 054

四、马克思、凯恩斯、弗里德曼货币理论比较 ················· 057
　　（一）三位思想家基本的货币思想 ················· 057
　　（二）三位思想家的理论异同点比较 ················· 058
　　（三）三位思想家的理论背景与影响的比较 ················· 059
　　（四）三位思想家的经济哲学根本差异 ················· 060

第三章　货币形态的历史变迁 ················· **061**

一、从物物交换到实物货币 ················· 062
　　（一）物物交换 ················· 062
　　（二）从物物交换到实物货币 ················· 063

二、从实物货币到金属货币 ················· 065
　　（一）人类对金属货币的普遍使用 ················· 065
　　（二）中国古代金属货币使用情况 ················· 066
　　（三）金银作为天然的货币 ················· 068
　　（四）金本位的兴衰 ················· 069
　　（五）以金属货币为核心的统一货币体系的形成 ················· 070

三、从金属货币到纸币 ················· 071
　　（一）人类纸币的使用 ················· 071
　　（二）纸币广泛使用的历史必然性 ················· 073
　　（三）纸币的普遍接受性与国家权力 ················· 074
　　（四）纸币是金属货币的符号、凭证，是想象中的金属货币 ················· 075
　　（五）纸币发行与通货膨胀 ················· 077

四、数字化货币的主要形态 ················· 078
　　（一）早期数字化货币的形式 ················· 078
　　（二）银行卡 ················· 079

（三）三种主要的数字化货币 …………………………………… 081
五、货币形态变迁的规律 …………………………………………… 083
　　（一）生产力水平的发展决定货币形态的变化 ………………… 083
　　（二）货币形态随着经济发展变化需求而变化 ………………… 084
　　（三）政府对统一货币的形态具有重要作用 …………………… 085
　　（四）不同货币形态背后的共同本质 …………………………… 086

第四章　数字技术与数字化货币 …………………………… 089

一、互联网技术之前的货币数字化阶段 …………………………… 090
　　（一）计算机技术与货币数字化兴起 …………………………… 090
　　（二）货币数字化初期阶段货币使用的主要形式 ……………… 092
　　（三）早期数字化货币的本质 …………………………………… 093
二、互联网技术下数字化的电子货币 ……………………………… 094
　　（一）互联网发展简史 …………………………………………… 094
　　（二）电子货币的两个发展阶段 ………………………………… 095
　　（三）支撑电子货币运转的主要技术体系 ……………………… 096
　　（四）电子货币运行的主要形式 ………………………………… 097
　　（五）互联网技术对电子货币普及的重要作用 ………………… 100
　　（六）电子货币的本质 …………………………………………… 101
三、区块链技术与比特币 …………………………………………… 103
　　（一）中本聪的《比特币白皮书》 ……………………………… 103
　　（二）Bitcoin和Electronic Cash ………………………………… 106
　　（三）区块链技术 ………………………………………………… 107
　　（四）比特币与电子货币的比较 ………………………………… 117
　　（五）比特币产生的背景和意义 ………………………………… 118

四、央行数字货币的技术路线 …… 123
 （一）各国央行数字货币必需的基础技术 …… 123
 （二）不同国家央行数字货币的技术路线选择 …… 126
 （三）中国的数字人民币 …… 130
 （四）央行数字货币的意义 …… 133
 （五）央行数字货币的本质 …… 134

五、中国数字化货币的发展 …… 137
 （一）中国电子货币支付的发展与数字货币的展望 …… 137
 （二）数字化货币应用拓展传统消费环境 …… 140
 （三）数字化货币改变了人们的思维方式 …… 142

第五章 数字化货币本质问题的哲学探究 …… 145

一、作为一般等价物的数字化货币 …… 146
 （一）"一般等价物"之"等价"和"一般" …… 146
 （二）数字化货币作为一般等价物的"物"是什么？ …… 148
 （三）数字化货币的普遍接受性 …… 148

二、电子货币的本质属性 …… 149
 （一）电子货币与传统现金的区别 …… 150
 （二）电子货币的本质属性 …… 152
 （三）电子货币的价值尺度的度量问题 …… 154
 （四）电子货币流通手段职能的新变化 …… 157
 （五）电子货币贮藏手段职能的新特点 …… 159
 （六）电子货币的支付手段职能的革命 …… 161

三、私人加密数字货币/比特币的本质问题 …… 164
 （一）比特币的价值尺度职能问题 …… 164
 （二）比特币的流通手段职能问题 …… 166

（三）比特币的贮藏手段职能问题 …………………………… 167
（四）比特币的支付手段职能问题 …………………………… 168
（五）比特币作为货币的普遍接受性问题 …………………… 169
（六）比特币作为货币和资产的二重性 ……………………… 171
（七）改变比特币的固定供应量设计意味着什么？ ………… 174
（八）如果不能改变比特币的固定供应量，比特币不能成为货币 … 177

四、央行数字货币/数字人民币的本质问题 ……………………… 178
（一）世界各国央行数字货币的共同特征 …………………… 178
（二）央行数字货币作为一般等价物的本质属性 …………… 180
（三）数字人民币与电子货币的差异 ………………………… 182
（四）央行数字货币的历史必然性和历史意义 ……………… 185

第六章 数字化货币与世界货币之梦 …………………… 189

一、世界人民苦美元久矣 …………………………………………… 190
（一）美元霸权对全球经济稳定性的影响 …………………… 190
（二）美元霸权对发展中国家经济的影响 …………………… 192
（三）美元霸权加剧了全球贫富差距 ………………………… 193
（四）美元被用于国际政治和经济制裁 ……………………… 194

二、中本聪的世界货币之梦 ………………………………………… 195
（一）比特币的创立与2008年金融危机 ……………………… 195
（二）构建理想的全球性货币体系 …………………………… 196

三、央行数字货币促进新世界货币体系的形成 …………………… 196
（一）央行数字货币可能促成新世界货币体系的形成 ……… 196
（二）央行数字货币在新世界货币体系形成中面临的挑战 … 198
（三）数字人民币与人民币的国际化 ………………………… 199

参考文献 ………………………………………………… **201**

导　言

有两个与数字化货币有关的奇迹呈现在人类面前：一个是无现金社会突然出现在人们的日常生活中；另一个是私人加密数字货币比特币（BTC）试图在技术上代替美元成为世界货币。人们带着不可思议的眼光和态度，每天主动或被动地使用着移动智能手机支付电子货币（electronic money）这样的数字化货币，而各国中央政府高度关注和重视针对可能成为世界货币新形态的"加密数字货币"以及本国央行数字货币创立和使用的研究。人们深深地体会到，以第四次科技革命（以数字技术为代表）为特征的社会生产力发展，导致一个新型技术社会经济形态的新时代——数字科技时代和数字经济时代的出现！而数字化货币已经成为数字经济和数字社会新时代的核心和奠基石。

本书不认为虚拟数字货币是具有实际经济意义的真实货币。这里所说的数字化货币属于广义数字货币概念，是一种基于数字技术、依托网络传输和非物理形式存在的价值承载和转移的货币形式，包括所有与资金有关的电子化和数字化的支付工具、支付方式、货币存在形式，主要有电子货币如微信支付货币、私人加密数字货币如比特币、央行数字货币如数字人民币（e-CNY）三种类型。具体表现为：银行卡（信用卡、储蓄卡）、电子账户余额、电子钱包、比特币、数字人民币等。

当各学科轰轰烈烈地对这个时代的新现象和新问题展开研究之时，在哲学界，却罕见有人像马克思在《资本论》中那样，运用唯物史观和辩证法的"抽象力"对数字化货币的本质和职能进行哲学研究，研究数字化货币与下列诸范畴的关系：一般等价物、想象的货币、观念的货币、货币符号、交换价值和价值的表现形式、使用价值和价值的矛盾、具体劳动和抽象劳动的矛盾、货币价值量和价格、无差别的一般人类劳动和社会必要劳动时间、货币的社会关系表现、死劳动和活劳动、货币变为资本、五种货币职能等。现在人们要问："为什么学界不重视用马克思劳动价值论的唯物史观和辩证方法，来研究新技术社会经济形态下的数字化货币这个新时代的精华问题呢？"我们认为，除了受当代西方经济学（不重视货币本质的哲学研究，只关注货币供需的实证计量研究）的影响，更多的是没有从哲学世界观和方法论的高度观察到数字化货币已经具有不同于"传统纸币和铸币"的本质属性和货币职能或功能的巨大变化。因此，数字化货币的哲学研究成为时代发展的迫切需要。

从目前的研究情况看，学界对数字化货币主要是从经济学、社会学、政策学、法学和技术科学的学科角度进行研究。从哲学角度，尤其从马克思唯物史观和辩证方法角度进行研究的很少。而综合电子货币、私人加密数字货币、央行数字货币这三种货币形态的整体哲学研究更是罕见。从哲学角度研究货币理论的主要是马克思主义政治经济学，而西方经济学基本上是从现象、实证和经济科学角度研究货币问题。在近现代货币学术史上，马克思把货币看作固定充当一般等价物的商品，是一般等价物的价值和价值量的统一，是价值尺度和交换媒介的统一，是在货币"质"的无差别的一般人类劳动与货币"量"的社会必要劳动时间的统一。西方著名经济学家凯恩斯基于科学实证主义研究视角从交换媒介的角度强调货币的流动性及其在宏观经济调控中的作用；弗里德曼则干脆放弃从货币职能的角度给出货币的理论定义，仅从服务于货币政策的角度给出了一个实证性计量经济学的货币定义。马克思货币哲学不仅全面深入研究货币的自然本质属性和社会本质属性，而且把货币转变为资本，探索和发现了资本主义生产方式的本质和运动规律。因此马克思货币理论成为本书研究的指导思想。

本书以马克思的唯物史观和唯物辩证法为世界观和方法论，以马克思劳动价值论和货币论为理论指导，围绕数字化货币的本质这条主线，对数字化货币的哲学理论基础和货币理论基础、货币形态历史变迁和发展规律、数字技术和数字经济基础，以及三种主要数字化货币形态（电子货币/微信支付货币、私人加密数字货币/比特币、央行数字货币/数字人民币)的本质属性、价值形式、基本职能、社会意义等全面展开综合研究,最终试图揭示数字化货币本质及其产生和发展规律。

以下是本书的整体内容和逻辑框架:

第一、二章探讨数字化货币研究的经典哲学理论和经济学理论资源。在经典哲学理论资源方面主要包括:亚里士多德的实体和属性学说、康德的"物自体"和"现象"学说、黑格尔的理念辩证法、胡塞尔的现象学本体论、分析哲学的语言逻辑分析理论、马克思的货币哲学。在经典经济学理论资源方面主要包括:马克思、凯恩斯和弗里德曼的货币理论。这些理论资源,尤其是马克思的货币哲学和货币理论,对数字化货币本质问题的研究具有重要的指导意义。

第三章探讨货币形态的历史变迁和规律。主要内容包括:从物物交换、实物货币、金属货币、纸币、早期数字化货币到三种主要的数字化货币(电子货币、私人加密数字货币、央行数字货币)的历史变迁及其规律。主要观点为:不同货币形态背后有其共同本质属性;货币的本质属性随着人类发展而由少变多;货币本质问题研究需要通过对其本质属性的研究来判定;货币形态的发展受生产力和经济发展水平制约,同时政府对促进货币形态的统一和发展具有重要作用。

第四章探讨数字化货币产生和发展的数字技术和经济基础。主要内容包括:计算机、互联网、区块链(block chain)、大数据和人工智能(AI)等数字技术(或计算机信息技术)的发展,对电子货币、私人加密数字货币、央行数字货币等数字化货币的产生和发展起着决定性的作用(历史证明,生产力决定生产关系,即技术发展决定货币发展)。本章主要以中国电子货币发展为例,说明数字化货币已经成为数字经济时代的核心,数字化货币的普及改变了人们的生存、生产、生活方式,也改变了人们的思维方式。

第五章系统全面地探讨了三种主要的数字化货币的本质属性异同、基本职能变化、社会影响等问题。主要观点是:电子货币的本质属性源于传统现金,与传统现金本质相关;电子货币的基本职能在功能效率方式等方面发生了革命性的变化。私人加密数字货币/比特币的本质属性具有"货币"和"金融资产"二重性，是一种不成熟的、未完全社会化的货币；其区块链技术和设计理念为未来世界货币的产生和发展开辟了道路。央行数字货币目前在全球各国处于设计、研究、试行阶段，采用的技术线路各不相同，其本质属性与主权货币相似。央行数字货币（Central Bank Digital Currency, CBDC）对于国内经济和国际贸易跨境支付的作用更加向大数据化和智能化方向发展，对未来数字经济时代的支持和治理具有重大意义。

第六章主要是对数字化货币成为世界货币可能性的前瞻性分析。提出数字化货币对于世界货币发展的两阶段论：由以各国本土货币为基础的区域化协作的数字化货币联盟阶段向未来统一的世界货币阶段发展。

总之，数字化货币的发展使我们进入了一个"无现金社会"，这无疑将使整个人类经济社会生活发生重大变革。在经济领域中的变革：网购、电商、移动支付、清算和结算的自动化、经济宏观调控的预见性和精准性、经济反洗钱、反恐怖融资、反逃税漏税等，对人类经济活动产生的影响不可估量。在日常生活方面的变革：智慧医疗、智慧交通、移动电商、打车软件、市政服务、无人经济、缴水电费、挂号、查询社保和公积金等。这一切不仅改变了人们的生活方式，而且改变了人们对万物、时间、空间、行为、信息等的看法，改变了人们的思维方式和认知。

第一章

哲学是如何研究货币本质问题的

一、亚里士多德的实体和属性学说对货币本质研究的意义

(一) 实体学说

亚里士多德的实体学说体现在他的《工具论》里,是其哲学体系中的核心部分,对后世的哲学产生了深远的影响。亚里士多德认为,世界上所有事物都可以被视为具有实体性的存在,而实体是独立存在的基础,是构成现实世界的基本单位。

在亚里士多德的哲学体系中,实体被区分为两大类:第一实体(primary substances)和第二实体(secondary substances)。[①]第一实体是指具体的个体,如具体的人、动物或物体。这些实体是最基本的存在,因为它们不依赖于其他事物而存在。相对地,第二实体是指种类或形式,是个体性质的规定,如"人类"或"马"这样的概念。第二实体依赖于第一实体而存在,因为没有个体,种类或形式的概念就无从谈起。

亚里士多德进一步区分了实体的四个原因或解释(cause):质料因(material cause)、形式因(formal cause)、动力因(efficient cause)和目的因(final cause)。[②]在这四因中,质料因指的是构成事物的物质,形式因是事物的本质结构或定义,动力因解释事物变化的起因,目的因则阐明事物存在或发生的目的。

(二) 属性学说

亚里士多德的属性学说与他的实体学说紧密相连,为我们提供了一种理解事物本质和特征的重要视角。

亚里士多德认为属性是依附于实体而存在的特性。实体是第一性的和独立存在的,而属性则不能独立存在,必须依附于某个实体,这种依附关系表明属性是实体的一种外在表现或特征。属性可以变化,而实体则是相对稳定的。

---

① [古希腊]亚里士多德:《范畴篇 解释篇》,方书春译,商务印书馆1959年版,第12—13页。
② [古希腊]亚里士多德:《物理学》,张竹明译,商务印书馆2017年版,第48页。

例如,"红色的苹果"中,"红色"就是苹果的一个属性,但这个属性是可以改变的,苹果是可以变色的。

属性被亚里士多德区分为两类:本性和偶性。本性是本质属性,是实体所固有的特性,即固有属性。相比之下,偶性是指偶然属性,偶然属性不是必然的,是指那些与实体没有必然联系的属性,它们可能偶然地出现在某个实体上,也可能不出现,是非本质属性。本质属性与实体之间存在着一种必然的联系,使得我们可以依据属性来认识和区分不同的实体。

亚里士多德在他的著作《范畴篇》中,将事物按照它们的本质特征进行分类,他列出了10个最基本的范畴或类别,这些范畴构成了对实体描述的不同方面。[①]这些范畴包括以下几种。

实体:是最基本的类别,指的是独立存在的事物,如具体的人或马。

数量:指事物的数量特征,如"三米长""两公斤重"。

性质:描述事物的性质或特征,如"红色的""圆形的"。

关系:指事物之间的相互关系,如"更大的""一半"。

地点:指事物所在的位置,如"在市场上""在河边"。

时间:描述事物存在或发生的时间,如"昨天""在战争期间"。

姿态:指事物的安排或姿势,如"躺着""站着"。

状态:描述事物的条件或状态,如"是穿着鞋子的""是未婚的"。

动作:事物的活动或行为,如"割""写"。

被动:事物承受的行为或影响,如"被割""被写"。

亚里士多德通过这些范畴或事物的本质特征进行分类和分析,他把这些分类称为"属"。可以说亚里士多德的学说为理解复杂事物的结构和本质提供了一种方法。他试图系统化地描述和区分事物的所有可能属性和维度,这不仅是为了建立一套描述世界的语言和逻辑框架,也是为了深入理解事物的本质和存在方式。

---

① [古希腊]亚里士多德:《范畴篇 解释篇》,方书春译,商务印书馆1959年版,第11页。

在亚里士多德的哲学体系中，属性学说与实体学说相互补充，共同构成了他对世界的完整理解。通过深入研究属性学说，我们可以更好地理解事物的本质和特征，以及它们之间的相互关系，这对我们之后研究货币有重要意义。

（三）实体和属性学说对货币本质研究的意义

1. 实体学说对货币本质研究的意义

亚里士多德的实体学说虽然直接关注的是自然界和形而上学的实体，但其基本原理和概念框架也可以应用于对货币实体的研究，为我们理解和分析货币的本质、功能和价值提供独特的视角。

通过借鉴亚里士多德对实体的分类，我们将其应用于对货币的研究，探讨货币的"第一实体"和"第二实体"。在这种框架下，具体的货币，如一张纸币或一枚硬币，可以被视为第一实体，因为它是具体且独立存在的。而"货币"所代表的不同类型货币的概念、价值或信用则可以被看作第二实体，因为它们依赖于具体的货币存在而具有意义。

通过借鉴亚里士多德的四因理论，我们可以从不同角度分析货币的存在和功能。质料因是指货币的物质基础，如货币是由金属、纸张或数字形态构成的。形式因可以定义货币的特定特征或属性，如货币具有社会共识、信任、设计、面额、认证标志等特征，这是货币能够发挥其功能的关键特征。动力因指引起货币运动变化的根源，即货币产生和流通的机制，例如中央银行的货币发行和货币政策影响货币的流通速度和货币在经济中的运动方式。目的因即货币存在的目的，包括促进交易、贮藏财富、促进经济等。

此外，亚里士多德的理论还可以帮助我们深入理解货币的实体性和价值。货币不仅是物理存在的实体，其价值还体现了社会共识和信任的"形式因"。这种观点可帮助我们进一步探讨货币价值如何在社会实践中被构建和维持。

2. 属性学说对货币本质研究的意义

亚里士多德的属性学说为研究和理解货币的本质提供了一个独特的分析框架。通过将货币的不同特性分解为亚里士多德定义的范畴或属，我们可以更深入地探讨货币的本质和功能，以及它在经济系统中的角色定位。

数量：货币的数量特性非常重要，因为它直接关联到货币的计量和价值存储功能。例如，货币的面额表示了其数量属性。

性质：这可以指货币的物理或视觉特征，如硬币的材质、纸币的质地与其他防伪视觉特征等。在更广义上，货币的性质也可以涉及货币的稳定性和可靠性这类质量属性。

关系：货币的关系属性涉及货币与其他经济变量之间的关系。货币的价值是其关系属性的一个例证，因为这一价值通常是相对于商品、服务或其他货币的。此外，货币在不同经济体系中的相互关系也属于这一范畴。

地点：地点属性可以用来讨论货币的流通区域或存储位置，如在国内还是国外，在银行、钱包还是电子账户中。

时间：货币的时间属性关联到其价值会随着时间而变化，例如通货膨胀或货币在不同时间点的使用、投资或借贷所带来的不同的价值。

姿态和状态：这些属性可以应用于讨论货币的流动性和货币在经济活动中的状态，比如货币在市场中的流通状态或作为储备的状态。

动作：货币在经济活动中具有流通、储蓄、支付、投资和借贷等应用方式。此外，货币在经济中的作用，如促进交易、信贷创造等，也可以被视为货币的动作属性。

被动：货币对经济政策、市场变动的响应可以被看作其被动属性，如货币贬值或升值。

通过这种多维度的分析，属性学说使我们能够综合考虑货币的各种特性和功能，从而更全面地理解其在现代经济系统中的复杂角色和本质。这种方法不仅揭示了货币的多方面特性，还有助于深入探讨货币政策、货币设计以及货币与社会经济活动之间的关系。

二、康德"物自体"和"现象"学说对货币本质研究的意义

康德在其哲学体系中区分了"物自体"（ding an sich）和"现象"（erscheinung）这两个概念，这是他批判哲学中的核心思想之一，特别体现在他的《纯粹理性

批判》中。

（一）物自体

物自体，又译为"自在之物"或"事物自身"，指的是事物本身的真实状态，是独立于我们的感知和认识结构存在的事物。它被视为现象的基础，即我们所感知到的世界背后的真实存在。康德认为，人们可以认识现象，但无法直接认识物自体。物自体代表了事物的绝对本质，但这个本质对于我们来说是不可接近的，我们无法超越自己的感官和理性结构来认识它。[1]物自体是感觉的基础，同时也是认识的最后界限，因为它超越了我们的感官和认知能力。

在康德看来，物自体虽然不可知，但它是必要的设定。因为它为我们理解世界提供了基础和框架，使得我们可以借助感知和经验进一步了解自在对象本身的性状。物自体不仅被视为客观存在的对象，还被看作自由意志、灵魂和上帝等本体性事物的象征，它们超越性的本质可能超出了人类的普通认知能力，但却成了人类思想和道德实践的重要依据。

（二）现象

康德认为我们所能知晓和感知的世界是现象世界，现象世界并非真实的物自体，而是物自体作用于我们的感官所产生的现象。这个世界是通过我们的感官和理性加工后的结果，因此，现象是相对的、有限的，受到我们的认知能力和感官的限制。我们的知觉和理解都是通过时间和空间这两个先验形式以及范畴（如因果关系）来组织的。[2]因此，我们观察到的物理规律和对象，都是现象，是事物呈现给我们的面貌。这些现象并不展示事物的内在本质，而是经过我们的认知结构加工后的结果。

（三）"物自体"和"现象"区分的意义

康德对"物自体"和"现象"的区分具有非常重要的意义。

第一，康德认为人类认知是具有局限性的，受感知形式与能力的限制，以至于无法直接认识物自体，即事物的真实本质。也就是说人类不能认识事

---

[1] ［德］康德：《纯粹理性批判》，邓晓芒译，杨祖陶校，人民出版社2004年版，第42—46页。
[2] ［德］康德：《纯粹理性批判》，邓晓芒译，杨祖陶校，人民出版社2004年版，第25—27页。

物的全部真相，只能认识到我们的感官和理性所能处理的现象，即事物的表象。

第二，康德的理论让我们意识到科学探索的是现象世界的规律，而这种探索对人类世界来说是有效的，因为现象世界遵循我们理性的结构，这为科学和经验知识提供了一个坚实的哲学基础。

第三，康德认为人类受限于感性经验和认知能力无法直接认识物自体，但他同时也认为人的主体性使人类能够超越感性经验，通过理性的自由意志来做出道德选择，这一观点为他的道德哲学和实践理性批判提供了理论基础。康德指出尽管现象界受到因果律的严格支配，但人作为道德主体仍然拥有自由意志。人类的自由意志使人拥有了独立于外部影响和欲望之外做出决定的能力，它是普遍适用于所有有理性的人类的准则。康德的理论解释了人类道德行为和道德责任能形成共识的根源。

（四）康德"物自体"和"现象"学说对货币本质研究的意义

康德对"物自体"和"现象"的区分对我们研究货币本质也具有一定的意义。

康德哲学强调了事物本质或"物自体"的不可知性，同时认为可通过理性和实证的方法来认识事物的性质和现象。将这一观点应用于货币这种存在物时，意味着我们不必过分执着于探求货币的本质，而是重视对货币现象的实证科学研究，可以通过观察和分析货币的性质和现象来增进对货币的理解。

从康德哲学的视角看，现代货币数量理论在某种程度上反映了这种世界观和方法论。货币数量理论主要关注货币的数量与宏观经济变量之间的关系，如价格水平、产出等。这些可以被视为对货币现象的分析，而不是深入探讨货币的本质。康德的理论告诉我们可以通过实证分析，探究货币供应量的变化如何影响经济活动，从而为我们提供了一种理解和把握货币现象的方式。因为如果深入货币的"本质"，试图找到一个绝对的、脱离具体经济社会背景的超越经验的货币本质，可能会陷入无解的理论争议。

此外，康德的实践理性和价值理性理论对货币研究有重要意义。

康德认为，对"物自体"或事物本质的认识结果，因其会产生悖论（正反论证都成立），因而不能成为真理，但是，不论是正题还是反题，一旦成为人们的共识，就具有了实践理性和价值理性的性质，从而对人类行为产生重大影响。

以比特币为例，比特币网络圈子内的人达成共识，认可比特币为一种货币形式，这种共识赋予比特币实践价值和意义。在这个群体内，比特币被接受作为一种支付手段、价值储藏工具，甚至是一种投资资产，其价格波动和交易活动都受到广泛关注。这种共识的形成，使得比特币在特定范围内具有了道德实践性，即它成为一种被普遍接受和遵循的行为准则或规范。然而，对于不认可比特币的人来说，比特币并不具有货币的地位和价值。这种差异反映了不同社会群体之间在认识和实践上的分歧。当然，这种分歧并不意味着比特币本身不具有真理性或价值性，而是反映了人类认识在实践中的多样性和相对性。

比特币作为一种数字货币，其存在和价值完全依赖于网络用户的共识。在这个共识下，比特币不仅被接受为一种支付手段，还成了一种价值储藏和投资工具。这种共识的力量是巨大的，它使得比特币在没有中央机构或政府支持的情况下得以运作和发展。然而，这种基于共识的价值体系也面临着挑战。一方面，共识是脆弱的，一旦人们对比特币失去了信任或共识破裂，其价值将受到严重影响；另一方面，共识是动态的，随着时间和环境的变化，人们的观念和行为也会发生改变。因此，比特币的未来发展和价值也充满了不确定性。

从康德的哲学角度来看，比特币现象反映了人类在实践理性中对共识的追求和依赖。它提醒我们，在货币和金融领域，人们的观念和行为共同塑造和影响着价值。同时，它也警示我们，在追求共识和协同行动的过程中，我们需要保持理性和批判的态度，以应对可能出现的变化和挑战。

比特币作为一种基于共识的数字货币，不仅挑战了我们对货币的传统理解，也揭示了共识在实践理性中的重要作用。由此可发现康德哲学中的实践理性与比特币现象之间存在深刻的联系。通过深入探讨这些联系，我们可以更全面地理解货币的本质和功能，以及人类在实践理性中的追求和挑战。

总之，比特币的例子展示了康德哲学中的某些关键概念在实际社会现象中的可应用性。比特币作为一种基于共识的价值体系,既体现了理性认识的局限性,也展示了实践理性和价值理性在塑造社会现实中的重要作用。

三、黑格尔理念辩证法对货币本质研究的意义

(一)黑格尔理念论

黑格尔的理念论是他哲学体系中的一个核心组成部分,这一理论在黑格尔的《逻辑学》等著作中得到了系统的阐述。在黑格尔看来,理念是客观事物的本质和核心,它不仅是精神性的存在,而且是潜在地存在于一切事物之中的共性。[①]在黑格尔看来,现实不仅是外部世界的物质状态,而且是一个动态的、逻辑上发展的过程,其中理念(idee)或精神(geist)发挥着决定性的作用。黑格尔的理念论强调了理念作为事物本质的重要性,并将理念视为理解和把握世界的根本途径。

在黑格尔的哲学中,理念是他的核心概念之一,体现了概念(begriff)和实在(realität)的统一。[②]这个统一不是在静态或表面上的,而是指理念在一个动态的、自我发展的过程中,最终与实在达成统一。黑格尔认为理念是世界的本质结构、发展的动力和目的。

在黑格尔哲学中,理念是真理的最高形式,它既是绝对的内容也是绝对的形式。理念不仅是抽象的思想或概念,而且是概念在现实中的具体体现和实现。概念是理念的抽象部分,它代表着事物的共性和一般性。概念是思维的产物,是人类通过分析和比较不同事物得出的共同特征。[③]这种理解下的理念,既是普遍的、抽象的,也是个别的、具体的。理念作为哲学的一个核心概念,被理解为一种理想的、永恒的、精神性的普遍范畴。它既包含了概念性的成分,即对于某一类事物或现象的共同特征和本质属性的抽象概括,又涉及了实在性的层面,即这些概念在实际世界中的具体存在和表现。

[①] [德]黑格尔:《逻辑学(上卷)》,杨一之译,商务印书馆1982年版,第32页。
[②] [德]黑格尔:《逻辑学(下卷)》,杨一之译,商务印书馆1982年版,第240页。
[③] [德]黑格尔:《逻辑学(上卷)》,杨一之译,商务印书馆1982年版,第24页。

黑格尔认为，理念并不仅仅停留在概念的层面，概念是事物的内在本质和逻辑结构。在理念中，概念作为"正"的方面，为我们提供了认识事物的基本框架和出发点。它使得我们能够从不同的事物中看到它们之间的相似之处，从而将它们归为一类，并用一个统一的概念来加以表示。而实在是理念的"反"的方面，实在是概念的外在存在和表现，它代表着概念在现实世界中的具体化和个别化。[1]在自然界和人类社会中，理念以不同的形式具体化。例如，在自然科学中，理念体现为自然法则；[2]在人类社会和历史中，理念体现为精神、文化、制度等。这些具体化的形态展示了理念作为概念和实在统一的具体体现。概念没有实在是空洞的，实在没有概念则是盲目的。因此，理念是概念和实在互相贯通、互相依存的统一体。这个统一体通过自身的动态发展过程展示出其内在的逻辑和结构。

在黑格尔的逻辑体系中，理念通过自我否定的辩证过程实现自我展现和发展。[3]这个过程体现了从抽象到具体、从潜在到显现的转化，其中概念经历自我分裂和自我超越，最终与实在达成统一。在这个过程中，理念不断丰富自身，展示出更高层次的真理。

"精神认识理念作为它的绝对真理，作为自在自为的真理；它是无限的理念，在那里，认识和行动自相平衡了；并且它又是理念对自身的绝对的知。"[4]在黑格尔的理论系统中，绝对理念代表了理念发展的最终阶段，它是一切理念的统一，包括了一切思维的内容和形式。绝对理念是无限的、自我实现的、自在自为的，它包含了对自身的绝对的知，是对所有对立的超越和综合。黑格尔以绝对理念揭示了个别事物的本质和存在的理由，也展现了整个现实的统一性和合理性。

通过这样的框架，黑格尔的理念论为理解现实世界提供了一种深刻的哲学视角，揭示了现实的逻辑结构和发展过程，强调了概念和实在之间不可分割

---

[1] ［德］黑格尔：《逻辑学（上卷）》，杨一之译，商务印书馆1982年版，第207—208页。
[2] ［德］黑格尔：《逻辑学（上卷）》，杨一之译，商务印书馆1982年版，第250页。
[3] ［德］黑格尔：《逻辑学（上卷）》，杨一之译，商务印书馆1982年版，第36页。
[4] ［德］黑格尔：《逻辑学（下卷）》，杨一之译，商务印书馆1982年版，第455页。

的联系和统一。

（二）黑格尔辩证法

黑格尔辩证法是德国古典哲学最重要的成果之一，其基本思想是概念的辩证发展。这种辩证法把整个自然的、历史的和精神的世界描述为一个不断运动、变化和发展的过程，并试图揭示这些过程的内在联系。在黑格尔的辩证法中，他看到了事物的量变和质变、对立面的统一和斗争，以及事物的否定之否定等规律。

黑格尔辩证法的一个重要贡献是它对后来哲学和科学思想的影响。尽管黑格尔的哲学体系是建立在唯心主义基础上的，但他的辩证法思想本身包含了许多合理的内核。这些合理内核被后来的哲学家和科学家所吸取，进一步发展出了唯物辩证法，使其成为科学研究和社会实践中重要的思维方法。

此外，黑格尔辩证法还强调了认识过程中的主观能动性和历史的具体性，这对后来的哲学和社会科学都产生了深远的影响。它提供了一种看待世界和历史发展的全面视角，帮助我们更深入地理解事物之间的联系和变化过程。

总的来说，黑格尔辩证法是一种深刻的哲学思想，它为我们提供了一种理解世界的新方式。虽然它有其局限性和缺陷，但其中的许多思想至今仍具有重要的启发意义。

（三）黑格尔理念辩证法对货币本质研究的意义

将黑格尔的理念辩证法应用于货币理论，我们可以进一步深入探索货币发展过程中的内在逻辑和阶段性变化。黑格尔的哲学体系强调了现实的动态性和过程性，这可以帮助我们理解货币不仅是静态的存在，而且是处于不断发展变化中的经济关系和社会结构的一部分。

首先，黑格尔强调理念和现实的统一，这在货币分析中意味着对货币的理解不应仅限于对其物理形态或数值表示的研究，而应深入货币所代表的社会关系、经济结构和文化认知中。货币作为理念的体现，反映了人们对价值、交换、信任和权力的共同理解和认可。

其次，在黑格尔的理论框架下，我们可以将货币看作不断发展的精神现象，它在不同历史阶段表现出不同的形态和功能。每一种货币新形态的出现都是对上一形态的否定和超越，同时又蕴含着被下一形态否定和超越的可能性。例如，实物货币的局限性促进了信用货币的产生，而信用货币的复杂性和风险又推动了数字货币等货币新形式的出现。

最后，在黑格尔哲学中，自我意识的发展是通过对立和矛盾的解决来实现的，将这一观点应用于货币，就是要深入挖掘自我意识与货币的关系。可以认为个体和集体对货币的使用和理解是自我意识发展的一部分，货币不仅促进了经济交换，也在个体认识自我和社会、构建社会关系和文化认同中发挥作用。

另外，黑格尔的理论可以让我们理解货币与自由的辩证关系。黑格尔认为自由是通过理念实现过程中的自我确定来实现的。在货币的语境中，这可以被解释为，货币既提供了交换的自由，也可能成为限制个体自由的工具。例如，经济不平等、债务或金融危机使货币成为限制个体自由的工具。因此，货币在增进个体和社会自由的同时，可能也会导致新的束缚和对立的产生，这是未来货币理论研究的一个重要方向。

通过这些维度将黑格尔的理念辩证法应用于货币理论，不仅可以帮助我们更全面地理解货币的多维性质和功能，也可以为探索货币的未来发展趋势提供深刻的哲学洞见。这一分析框架强调了历史和逻辑的统一，促使我们在研究货币时既关注其经济功能，也关注其在社会文化和个体自我意识形成中的作用。尤其重要的是，黑格尔的辩证法被马克思借鉴并转化为物质条件和经济关系中的辩证运动，特别是在对货币的分析上形成了马克思系统的货币理论。

四、胡塞尔现象学对货币本质研究的意义

胡塞尔于19世纪末20世纪初创建了现象学学派，并在他的著作中系统阐述了现象学的基本原理和方法，特别体现在他的代表作《逻辑研究》中。

（一）现象学本体论假设的可能性

胡塞尔的现象学可能有一种本体论假设，即事物的本质属性是显现在现

象中的,而非隐藏于现象之外。①胡塞尔并不认为本质是隐藏在现象背后的某种神秘实体,而是认为本质在于现象自身,只是与非本质属性混杂或交融在一起。现象学的目标就是辨识和揭示这些本质属性,而非寻找某种超验的、隐藏的本体以及构建一套关于隐藏在现象背后的本质的理论。

首先,现象学认为本质显现于现象。现象学的立场是,事物的本质属性显现在我们的直接经验之中,但它们可能与其他非本质的属性混杂在一起。因此,我们的任务是从这种混杂中辨识出哪些属性是本质的。

其次,现象学方法涉及对经验的深入分析,旨在剥离那些非本质或偶然的属性,揭示事物的本质结构。这个过程通常需要通过悬置(epoché)②和本质直观(wesensschau)③,即暂悬所有的预设和判断并直接洞察事物的本质特征来实现。

最后,现象学研究本质与现象的关系。在现象学视角下,事物的本质属性与其他属性不是隔离的,而是以一定的关系融合在一起。本质属性与非本质属性共同构成了我们所经验到的完整现象。识别出这些本质属性需要通过反思和直观,它们是形成和定义事物的不可或缺的特征。

现象学还强调要理解现象就要揭示事物共性与个性的融合。现象学认为,每个现象都融合了共性(本质属性)与个性(具体情境下的属性)。④理解一个现象,需要揭示这种融合,也就是说需要识别出哪些是构成该现象的共性特征,哪些是特定情境下的个性表现。在日常经验中,事物的共性与个性融合在一起,这使得不经过深入分析和反思就很难辨识它们。现象学的任务,就是在这种混杂或交融中辨识并剥离出哪些是共性的东西(本质属性),哪些是偶然或附属的属性。

---

① [德]埃德蒙德·胡塞尔:《胡塞尔文集·逻辑研究》第一卷,倪梁康译,商务印书馆2017年版,第285—286页。
② [德]埃德蒙德·胡塞尔:《现象学的观念(五篇讲座稿)》,倪梁康译,商务印书馆2017年版,第55页。
③ [德]埃德蒙德·胡塞尔:《胡塞尔文集·逻辑研究》第二卷第一部分,倪梁康译,商务印书馆2017年版,第882—883页。
④ [德]埃德蒙德·胡塞尔:《胡塞尔文集·逻辑研究》第一卷,倪梁康译,商务印书馆2017年版,第254—264页。

因此，胡塞尔的现象学强调通过对现象的深入探究来揭示事物的本质属性，这些属性不是隐藏于现象之后，而是与其他属性一起构成了我们直接经验的内容。通过现象学的方法，我们能够揭示这些本质属性，并进而更深入地理解事物本身。

（二）现象学揭示本质的方法

现象学着力于回归事物的直接经验，避免理论预设和先入之见的影响，从而尽可能客观地观察和分析现象本身，揭示事物的本质。现象学通过如悬置（或表象的悬搁）和本质直观等步骤来揭示本质属性。这些方法能帮助研究者超越个别事实和表面现象，达到对事物本质的直观理解。通过这种理解，我们能够识别出哪些属性是构成事物不可或缺的特征。

（1）无预设的直接经验的体验方法。现象学要求研究者以一种几乎是"新生儿"的视角来观察世界，即尽量摒弃所有的预设和成见，只关注直接呈现于意识之中的现象。这种方法试图捕捉到经验的"原初给予"（原始呈现的事物），以直面对象为分析的起点。

（2）现象学悬置的方法。这是胡塞尔方法中非常重要的一个步骤，这一步骤要求研究者将对现象的任何超验解释、科学理论、文化偏见等暂时"搁置"或"括弧化"。通过这种减法，研究者试图抵达现象的核心，以达到对事物"自身"的直接观照，即它如何直接呈现于意识之中，而非它"应该是"或"被认为是"的样子。这一过程有助于清晰地分辨哪些是事物固有的属性，哪些是由外在因素或个人主观因素引入的属性。

（3）本质直观和理性分析的方法。[①]尽管现象学强调直接经验，但它并不排斥理性分析。事实上，胡塞尔认为直观（intuition）和理性（reason）是紧密相连的：直观提供了事物的直接呈现，而理性则帮助我们理解这些呈现的意义和内在联系。在现象学中，直观更是一种深入的、洞察性的认识过程，它不是停留在表面，而是穿透现象以触及其本质。这种直观不同于日常的感知，它是一

---

① [德]埃德蒙德·胡塞尔：《现象学的方法》，倪梁康译，译文出版社2005年版，第91—97页。

种更为深刻和透彻的认识，能够揭示事物的普遍性和必然性特征。

通过直接经验和反思性直观，现象学试图揭示事物的本质属性，即那些构成事物为该事物的必然和普遍特征。在现象学的语境中，这些本质特征不是经验归纳的结果，而是通过直观洞察事物的内在规定性而得到的洞见。通过现象学的方法，我们可以区分事物的一般属性（普遍但不必然）和本质属性（既普遍又必然）。本质属性是构成事物为该事物的必要条件，是无法去除的。通过揭示这些本质属性，现象学帮助我们理解和把握与事物现象纠缠在一起的本质。

将这套方法应用于货币分析，就意味着我们需要从直接与货币的互动经验出发，透过辨识现象中的本质属性，揭示货币的根本属性。这个过程要求我们既要关注货币在日常生活中的功能和作用，也要深入思考和直观洞察这些功能背后的内在逻辑和必然性，最终揭示出货币的本质属性。

（三）现象学对货币本质研究的意义

应用现象学方法探究货币的直接经验意味着我们需要直观地、没有先入之见地接触和反思货币本身，从最基本的、日常生活中的互动中捕捉货币的属性和特征。我们的直接经验包括物理上接触货币，例如触感和视觉上的感知；在交易中使用货币；在思考和讨论货币时的心理活动。以下是探索过程中可能辨识的货币的本质属性。

第一，交换媒介。在直接经验中，货币最显著的功能是作为交换的媒介。我们使用货币来购买商品和服务，这一点在日常生活中是显而易见的。货币允许我们突破物物交换的局限，实现更为复杂和动态的经济互动。

第二，价值尺度。货币提供了一个衡量和比较不同商品和服务价值的标准。这一属性在我们思考价格、预算和经济价值时变得明显。通过货币，不同的商品和劳务可以在一个共同的量表上进行比较和交换。

第三，价值贮藏。货币能够使价值随时间保存，这是通过直接经验可感知的。人们可以保存货币以备不时之需，而非将所有资源转换为立即消费的商品或服务。这一属性在人们进行储蓄、投资或规划未来时尤为关键。

第四，普遍接受性。货币的一个关键属性是它被普遍接受作为交换的媒介。这一点体现在无论我们走到哪里，只要是在相同的货币经济区内，货币都能被接受并用于获取商品和服务。

通过现象学方法可见，尽管货币在不同文化和经济系统中的具体形态各异（如硬币、纸币、电子货币等），但货币的本质属性跨越具体形态而恒定存在的。这些属性构成了货币的核心，是货币能在经济活动中发挥作用的基础。通过直观地体验和反思这些属性，我们能更深入地理解货币的本质和功能。

五、分析哲学对本质问题研究的意义

（一）分析哲学对待本质问题研究的态度

早期分析哲学的逻辑实证主义认为，形而上学问题或本体本质问题超出了经验验证和逻辑证明的范围，因此不是其主要研究对象。分析哲学强调语言的清晰性和精确性，并倾向于关注那些可以通过逻辑和经验方法来分析和解决的问题。

首先，分析哲学尤其在逻辑实证主义的影响下，强调语句的意义必须能够通过经验验证。"人们会说，句子的意义当然可能在某些方面不很确定，但它必须有唯一确定的意义。不确定的意义——那其实根本没有意义。"[1]这种立场认为，如果一个命题不能被经验观察所证实或证伪，那么这个命题就是没有意义的。因此，关于绝对本质或超验实体的形而上学声明往往被视为无法验证，因而缺乏实际意义。

其次，分析哲学也重视逻辑一致性和清晰性。如果一个形而上学问题无法用清晰和一致的逻辑来表述，或者其推理过程涉及悖论，那么这个问题在分析哲学看来可能就是伪问题。分析哲学试图通过逻辑分析澄清概念，消解看似深奥的形而上学难题。[2]

形而上学问题，如宇宙的本质、存在的意义以及超越感官经验的领域，往

---

[1] [英]维特根斯坦：《哲学研究》，陈嘉映译，上海世纪出版集团2005年版，第52页。
[2] [英]维特根斯坦：《哲学研究》，陈嘉映译，上海世纪出版集团2005年版，第49页。

往涉及超越经验和逻辑边界的概念，这使得它们难以借由分析哲学的标准方法来处理。分析哲学家可能会认为，这些问题缺乏明确的验证标准，容易导致无意义的争论和悖论。正如维特根斯坦所说："我的语言的界限意味我的世界的界限。"①

然而，这并不意味着形而上学问题在分析哲学中完全没有地位。一些分析哲学家可能仍然对这些问题保持兴趣，并尝试通过澄清语言和概念来探索它们的某些方面或揭示形而上学的错误。此外，分析哲学的方法论和工具也可以被应用于对形而上学问题的某些探讨中，尽管这些探讨可能更加侧重于语言分析和概念澄清，而不是直接探求对形而上学问题的终极解答。

后来的语言分析哲学，尤其是后期维特根斯坦的语用理论和语境理论，试图通过对语言的分析来重新界定这些问题，使之更加清晰、准确。有时，这种分析能揭示某些传统形而上学问题实则由语言使用不当或概念混淆所致。

语用论关注语言的使用和语言行为的功能，强调语言是行动的一种形式，意义不仅依赖于语句的内部结构，也依赖于使用语言的具体情境和意图。语用论超越了传统分析哲学对于形式逻辑和语义分析的关注，引入了说话者的意图、听话者的解释以及交流情境等因素，这些因素对于理解语言意义是至关重要的。

语境论强调理解语言和表达的意义需依赖于具体的语境，"每个词在不同的上下文里有不同的特点"②，这意味着语言的意义不是固定不变的，而是可以根据不同的语用情境发生变化。语境论挑战了传统分析哲学中关于语言意义为固定和上下文独立的观点，强调理解语言需要考虑到其使用的具体环境和背景。

通过引入这些新的视角，语用论和语境论丰富了人们对语言和思维的理解，允许哲学家更加深入地探讨语言使用的实际情境和社会性质。这些理论提醒我们，语言不仅是一个用于表达思想和情感的工具，也是人们进行社会

---

① [英]维特根斯坦：《逻辑哲学论》，贺绍甲译，商务印书馆2009年版，第85页。
② [英]维特根斯坦：《哲学研究》，陈嘉映译，上海世纪出版集团2005年版，第215页。

互动和构建共同现实的媒介。因此，在某些方面，语用论和语境论提供了超越传统分析哲学的方法和理论框架，促进了哲学对语言和沟通更为全面和深入的理解。

（二）分析哲学对本质问题研究的语言逻辑分析方法

分析哲学对本质问题的语言重构通常涉及几个关键步骤，旨在澄清讨论中的概念，确保论证的逻辑严密性，并消除可能的混淆和误解。以下是这一过程的几个主要方面：

第一，概念分析。分析哲学家首先会对"本质"这一概念进行深入分析，探究其在不同语境和哲学传统中的用法。这包括区分日常语言中对"本质"的使用和哲学或科学语境中的专业用法，以及这些用法之间的相互关系和潜在混淆。

第二，逻辑澄清。接下来，分析哲学家会使用逻辑工具检查有关本质的陈述和论证，确保它们的逻辑结构是清晰和一致的。这可能涉及识别并解决概念上的歧义、循环论证、悖论或非序贯推理等问题。

第三，语言精确化。分析哲学家努力使用精确和明确的语言来重构有关本质的讨论。这可能包括定义新的术语、引入更加明确的概念划分，或者建立更为严格的定义和分类框架，以避免模糊性和多义性。

第四，实证内容的考量。虽然分析哲学强调语言和逻辑分析，但在讨论本质问题时，也会考虑相关的实证内容，确保哲学讨论与实际经验和科学知识相一致。这涉及将哲学概念与可观察的现实世界相联系，确保讨论不会偏离现实。

第五，哲学传统的对话。在重构本质问题时，分析哲学家通常也会与历史哲学传统进行对话，考察他们是如何处理相关问题的。通过与这些传统的对话，分析哲学家旨在从历史的视角中提炼出有价值的见解，并将其转译为更为清晰和严密的现代表述。

通过这些步骤，分析哲学对本质问题的语言重构旨在提供一种更为清晰、逻辑严密并与实际经验相符合的哲学讨论方式，从而使这些讨论更具分析性、实证性和可操作性。这种重构的过程有助于增强哲学探讨的精确性和实用性，同时也能促进哲学与其他知识领域的交流和融合。

六、马克思货币本质理论的哲学基础

马克思的哲学思想深受黑格尔辩证法的影响，但与黑格尔的理想主义不同，马克思采取了唯物主义的立场。马克思货币本质理论的哲学基础是唯物辩证法和唯物史观。马克思对事物的本质和属性（性质和关系）的看法是一种辩证的、历史的、具体的观点。他强调事物的本质与属性是相互联系、相互作用的，事物之间的关系是内在的、本质的，事物的发展是历史的、变化的。这种看法为我们提供了深入理解事物本质和属性的重要视角和方法。

（一）货币的本质和属性的辩证统一

马克思对事物本质和属性（性质和关系）的看法，深深植根于辩证唯物主义和历史唯物主义的哲学思想框架。

在马克思看来，本质与现象是辩证统一的。事物的本质往往通过其现象和属性来展现，而属性和现象又是本质的外在表现。马克思区分了事物的"本质"和"现象"，认为本质是隐藏在现象背后决定现象的内在规律和结构；现象是本质在现实中的表现形式，但往往会掩盖本质，使人们难以直接从现象看到本质。马克思认为，通过科学的分析和批判，可以揭示隐藏在现象背后的本质。按照马克思的理论，属性是事物的外在表现，这些表现是事物本质的具体化。对于货币，这些属性包括它的物理形态（如金属货币、纸币、电子货币等），以及它在经济交易中的职能（价值尺度、流通手段、贮藏手段、支付手段）。这些属性虽然是货币的外在表现，但它们根源于货币的本质——在社会经济体系中促进并实现价值的流通和增值。

马克思强调事物的性质需要被放在关系中考察。事物的本质不是抽象存在的，而是与其具体属性、历史发展和社会环境紧密相连的。在马克思看来，事物的性质不仅是其内在的属性，更是事物在一定关系中的位置和作用。也就是说，事物的性质是由事物在其相互关系网络中的地位和功能所决定的。马克思特别强调事物之间关系的重要性，认为事物的性质只有在它们所处的具体关系中才能得到充分展现。在马克思的理论中，一个事物的本质不是其表面的、直接可见的特征，而是其在社会经济结构中的根本位置和作用。因此，如果将这一点应用到货币上，我们就应该看到货币的性质不是孤立存在的，而是在与商品、资本、劳动等其他经济要素的关系中体现出来的。不应只看到货币作为交换媒介的功能，应深入探究货币在社会生产方式中扮演的根本角色。这涉及货币如何在生产、分配、交换和消费过程中发挥作用，尤其是在促进资本积累、表现社会劳动和构建社会关系方面的作用。另外，货币的性质在不同的社会生产关系中会有不同的表现，如在商品交换中促进价值流通，在资本主义积累中作为资本的一种形式实现自身增值。

马克思强调事物的发展变化和历史的联系。他认为事物的本质不是永恒不变的，而是随着历史的演进而不断发展和变化的。因此，要真正把握事物的本质，就必须将其置于具体的历史环境中进行考察。货币的本质和属性是随着历史变迁而发展和变化的，马克思认为货币不仅是经济现象，还是社会历史现象。随着社会的发展和经济形态的变化，货币的本质和属性也会发展和变化。从实物货币到纸币再到数字化货币，每一次货币变迁不仅是形式变化，更体现了货币社会功能和经济角色的转变。

马克思还强调矛盾的辩证法。他认为事物内部的对立统一是事物发展变化的动力。因此，特定历史时期的货币是其本质和属性的辩证统一。纸币的国家法定性与其物理属性的无价值性构成一对辩证统一的对立面，体现了即便货币没有内在价值，但依然能通过国家权威赋予其作为价值尺度和交换媒介的社会功能。数字货币的无物理属性和技术达成的共识价值性构成了一对辩证统一的对立面，当它能够实现本质和属性的辩证统一就会成为具有普遍接受性的真正意义上的货币。

（二）货币本质的社会属性

马克思强调事物的社会属性，事物的属性包括其固有的自然属性和在社会关系中展现出的社会属性。自然属性是事物本身所固有的，不依赖于人的意识而存在的属性；而社会属性则是在一定的社会历史条件下，事物通过人与人之间的关系所展现出来的属性。这两者是相互作用、相互影响的。另外，在考察事物的关系时，马克思注重分析事物之间的内在联系和本质关系。他运用矛盾的观点，指出事物内部矛盾的运动是推动事物发展的根本动力。同时，他也关注事物与外部环境的相互作用，认为事物的发展受到外部环境的影响和制约。

因此，如果将这一理论应用到考察货币上，我们会发现货币具有以下的社会属性。

第一，货币是具有关系属性的。马克思强调货币不仅仅是物质的存在，更重要的是，它体现了一系列的社会关系和经济关系。货币的本质作为关系属性的一种反映，体现了它不仅在物质交换中发挥作用，更在社会地位、身份认同、国内外经济关系中扮演角色。

第二，在货币发展的不同阶段，自然属性与社会属性的主导地位会发生变化。货币的自然属性是如金银那样的物理属性，它的社会属性是诸如法定性、信用性等属性。在不同的货币发展阶段，两者的主导地位会发生变化。在现代社会，尤其是电子货币和数字货币的发展背景下，货币的社会属性更为突出，而自然属性则相对弱化。

第三，现代货币的社会属性与自然属性是并存的。即使在电子货币或数字货币阶段，货币的自然属性——作为交换媒介的客观需要——也并没有消失，它仍然是经济活动中不可或缺的一部分。而其社会属性，如法定性、信用性等，成了现代货币定义中更为关键的因素。

第四，货币在不同的社会生产关系中会有不同的表现。马克思认为社会的本质属性是由其生产关系决定的。因此，货币在不同的生产关系中所扮演的角色也不同。在资本主义体系下，货币不仅促进商品的交换，更是资本积累的必要工具。它不仅表现为物理的交换媒介，更深层次地体现为资本关系的一部分，即货币资本。在这一关系中，货币转化为资本参与生产过程，实现价值增值，即创造剩余价值。

第五，货币具有异化效应。借鉴马克思的异化概念，可以分析货币如何在资本主义社会中导致人的异化。货币作为交换的中介，本应服务于人的需求，但在资本主义逻辑下，人与人之间的关系越来越多地被转化为货币关系，使得人的社会性被商品化和货币化。这种转化不仅使人与自己的劳动和产品发生异化，也使人与人之间的关系发生异化，从而加剧了社会的疏离感和剥削性。

第六，货币在经济危机中扮演着重要的角色。马克思关于经济危机的理论强调了生产过剩和资本过度积累的矛盾。在这个框架下，货币可能从促进经济交换的工具转变为加剧经济波动和危机的因素。在资本主义周期性危机中，货币的流通速度和流通货币量可能出现剧烈波动，影响经济的稳定性。此外，货币市场和金融市场的超额扩张也可能成为危机的触发点，反映了货币本质属性与资本积累矛盾的关系。

第七，货币反映了阶级关系。马克思强调阶级关系是社会关系的基础。货币在阶级社会中的分配和控制反映了阶级力量的对比和阶级斗争的一种形式。资本家阶级通过控制货币资本来控制生产手段和劳动力，而工人阶级则依赖于出售劳动力以换取货币工资来生存。这种货币流动的不平等性加深了社会的阶级分化和不平等。

总之，马克思的理论强调事物之间的内在联系和本质关系。在货币分析中，这意味着要深入探究货币与其他经济要素（如商品、价格、资本等）之间的相互作用和影响。通过这种分析，我们可以更全面地把握货币在经济体系中的地位和功能。我们看到货币不仅仅是简单的交换工具，它在资本主义经济中具有更深层次的本质作用，包括促进资本的循环和增长，以及在社会关系和生产关系中扮演着核心角色。这种理解有助于我们把握货币现象背后的经济逻辑和社会关系，以及理解在这一切关系中人的地位和作用。从马克思的社会属性理论出发，我们不仅能够理解货币作为经济现象的复杂性，还能洞察货币对社会结构和人类行为的深远影响。此外，该理论还有助于我们从更深层次上理解在一定社会历史条件下货币的运作机制和内在矛盾，以及探寻可能的社会变革路径。

（三）马克思关于货币内在矛盾辩证法

马克思非常重视事物的内在矛盾和运动。对于货币，这意味着要关注其内在价值与使用价值的矛盾，以及作为交换媒介和商品本身的双重性质。矛盾辩证法有助于我们理解货币在经济中的作用和局限性。具体表现如下：

第一，价值与使用价值的矛盾。在马克思辩证理论中，货币被看作是承载使用价值和交换价值的实体，这两者之间的矛盾推动了货币功能的发展和变化。货币在作为交换媒介时表现出其价值的普遍性，而当它作为具体货币（如金银）时，又体现出其独特使用价值。

第二，抽象与具体的矛盾。货币作为一种经济范畴，它的存在既是具体的也是抽象的。具体性在于它作为实体的存在（无论是金属货币还是纸币），而抽象性在于它代表了一种社会关系，即价值关系。这种抽象与具体的矛盾使得货币在不同的经济体系和社会关系中有着不同的表现形式和功能。

第三，自身价值与代表价值的矛盾。作为交换媒介，货币本应无价值，它的作用在于代表其他商品的价值。然而，在某些情况下，货币自身又具有价值（如金币），这种自身价值与代表价值的矛盾也是货币发展中的一个动力。

将这些矛盾运动的理念应用于货币的分析，我们可以理解货币不仅是一种物质实体或数字符号，还是社会关系、经济活动和文化理念的承载体。这些内在矛盾的存在和发展推动了货币的历史演进，从实物货币到信用货币，再到数字货币，每一步都是对这些矛盾的一种超越和解决，同时又产生了新的矛盾和问题，促使货币进一步发展和变化。因此，货币的内在矛盾运动不仅推动了货币形态的变化，也反映了更广泛的社会和经济变迁。这种视角为我们提供了一种深刻理解货币及其变化的哲学方法。

综上所述，应用马克思的理论分析货币，我们可以从历史、辩证、社会关系和内在联系等多个维度来深入剖析货币的本质和属性。这种全面的分析方法有助于我们更准确地理解货币在当代经济和社会中的角色定位和影响力。

第二章

货币的经典理论

一、马克思的货币理论

马克思的货币理论是马克思主义经济学的重要组成部分和贡献之一，关于货币理论的主要阐述在他的代表作《资本论》中。这一理论深刻分析了货币的起源、本质、职能、货币与资本的关系以及运动规律等。马克思的货币理论深刻揭示了货币在人类社会发展中尤其在资本主义社会中的复杂角色和重要作用，对后来的经济学理论和政策制定产生了深远的影响。

（一）马克思货币理论的方法论和本体论基础

马克思货币理论与其整体的哲学框架、本体论和方法论紧密相关，体现了他对资本主义经济系统的深刻理解和批判。

1. 马克思货币理论的方法论基础

（1）历史唯物主义。马克思的方法论基于历史唯物主义，他从社会历史发展的角度考察了货币的产生和发展过程。马克思认为货币是社会生产力发展到一定阶段的产物，并随着社会生产力的发展而不断演变。物质生产方式决定经济结构、社会结构和社会意识，马克思运用这一方法分析了货币和资本主义经济的历史发展，揭示了货币如何在不同的生产方式中扮演不同的角色。这种历史唯物主义的分析方法，使得马克思能够深入剖析货币的职能和本质，并揭示出货币与资本主义生产方式之间的内在联系。

（2）批判性。马克思的方法论是批判性的，特别是在分析资本主义经济时。马克思不仅描述了经济现象，还深入分析了这些现象背后的社会关系和矛盾，揭露了资本主义的内在矛盾和潜在危机。

（3）辩证法。马克思采用辩证法作为其研究的逻辑结构，这种方法强调矛盾和变化，强调从抽象上升到具体。在货币理论中，他用辩证法分析了货币的多种职能以及这些职能之间的相互作用和矛盾。马克思辩证法的应用主要体现在对商品和货币关系的深入分析上。他通过揭示商品的使用价值和交换价值之间的矛盾，阐明了货币产生的必然性。

2. 马克思货币理论的本体论基础

（1）劳动价值理论。劳动价值理论对货币理论的影响，主要体现在对货币与价值关系的理解上。马克思认为商品的价值来源于无差别的人类劳动，所有商品的价值最终可以归结为在生产过程中所消耗的劳动。他指出货币是商品价值的物化形式，货币作为价值的普遍等价物，提供了一种衡量不同商品所含劳动量的手段。此外，货币作为资本主义经济中直接追逐和"崇拜"的对象，实际上反映的是社会关系，而不仅仅是交易关系。通过抽象掉商品表面的技术关系，马克思将商品和货币价值归之于劳动时间，进一步揭示了剩余价值是利润的基础或来源。在这种理论框架下，货币成为资本家剥削工人剩余价值的重要媒介，同时也掩盖了劳动与资本之间的对立关系。

（2）物化与异化理论。马克思的本体论强调，在资本主义体系中，货币不仅是交换的媒介，还代表了商品和劳动的物化形式。货币体现了社会关系的物化，即人与人之间的关系在货币中表现为物与物的关系。这与他的异化概念相关，在资本主义生产过程中，劳动者被异化，"人的类本质，无论是自然界，还是人的精神的类能力，都变成了对人来说是异己的本质，变成了维持他的个人生存的手段"[1]；"人同自己的劳动产品、自己的生命活动、自己的类本质相异化的直接结果就是人同人相异化"[2]，也就是说异化劳动也导致劳动者与自己的劳动成果和其他人的社会联系产生剥离。

（3）货币在资本主义生产方式中的本质。马克思认为货币形式是价值形式的最高发展阶段。在他的价值论中，货币不仅是价值的表现形式，还是价值的实现形式，货币使得不同商品的价值可以相互比较和交换。马克思进一步分析了货币在资本积累过程中的作用，将货币视为资本循环的必要环节。货币资本启动了购买—生产—销售的循环过程，推动了资本的积累和扩张，这反映出货币在资本主义生产方式中的本质。

---

[1] 《马克思恩格斯文集》第1卷，人民出版社2009年版，第163页。
[2] 《马克思恩格斯文集》第1卷，人民出版社2009年版，第163页。

（二）货币的起源论

马克思在他的著作《资本论》中探讨了货币的起源及作用。马克思的货币理论强调了货币的起源是社会经济发展的产物，是人类经济活动中的重要组成部分。

第一，货币起源于商品交换。马克思从商品和交换价值的角度分析了货币的起源。他认为，货币是商品交换的产物，是商品经济内在矛盾发展的必然结果。在商品交换过程中，由于商品的使用价值和交换价值之间的矛盾，需要一种能够衡量和表现商品价值的普遍的一般等价物，这就是货币。

第二，货币最早的职能是作为商品交换的媒介。马克思认为货币的起源和发展紧密地与商品交换的发展相联系。在他的理论体系中，货币起源于商品交换的需要，是交换过程中产生的一种特殊商品。在早期的商品交换中，由于缺乏共同的价值尺度，人们需要找到一种被普遍接受的媒介，以便比较和交换不同的商品。马克思指出，随着交换活动的增多和商品种类的丰富，社会逐渐选定了某些特定的商品来充当一般等价物，这些被选定的商品就逐渐发展成为货币。

第三，货币是逐渐从商品中转化而来的。在商品交换发展过程中，商品的价值表现经历了四个阶段，有过四种价值形式，分别是简单的或偶然的价值形式、总和的扩大的价值形式、一般价值形式和货币价值形式。这四种价值形式的发展解决了"商品怎样、为什么、通过什么成为货币"的问题，使货币从商品中脱离出来，成为一般等价物。

第四，货币逐渐演化出价值尺度和贮藏手段的职能。货币基本职能是根据货币在商品交换中所起的不同作用而分化出来的。最初，货币主要是作为交换的媒介，即流通手段存在的，"货币所以具有流通手段的职能，只因为货币是商品的独立出来的价值"[1]。然而，随着经济活动的发展，货币逐渐具有价值尺度和贮藏手段的职能，后来又衍生出货币的支付职能和世界货币职能。马克思

---

[1] 《马克思恩格斯文集》第5卷，人民出版社2009年版，第138页。

强调，货币并非自然产物，而是社会关系的产物；它反映和体现了商品生产者之间的相互关系；货币不仅是物质的存在，更重要的是它承载和反映了一定的社会关系和生产关系。

总之，在马克思看来，货币的产生是商品经济内在矛盾发展的必然结果，是价值形式发展的产物。马克思运用抽象的逻辑分析方法，从商品和商品交换入手考察货币，指出"货币结晶是交换过程的必然产物"[1]，货币是从商品世界中分离出来的固定地充当一般等价物的特殊商品，体现着商品生产者之间的社会生产关系。马克思的货币起源理论具有深刻的洞察力和理论深度，为我们理解货币的功能和本质提供了科学的理论依据。同时，他的论证也为我们思考数字化货币及其未来发展和变革提供了重要的启示。

（三）货币的本质论

马克思的货币本质理论是他经济学说的核心部分之一，对于理解货币的深层含义和作用至关重要。马克思认为，货币的本质主要体现在以下三个方面。

第一，货币是一般等价物。马克思指出："其他一切商品的社会的行动使一个特定的商品分离出来，通过这个商品来全面表现它们的价值。于是这个商品的自然形式就成为社会公认的等价形式。由于这种社会过程，充当一般等价物就成为被分离出来的商品的独特的社会职能。这个商品就成为货币。"[2]货币是商品的价值表现形式，所有商品都可以用货币来表达其价值，货币因此成为价值的普遍表示，它使得不同商品之间可以进行交换。因此，货币是从商品世界中分离出来的固定地充当一般等价物的特殊商品。这种一般等价物不是任何商品都可以充当的，而是在长期的商品交换过程中逐渐由市场选定的。历史上，黄金和白银因其自身的特性（如稳定性、可分割性、方便携带等）而成为被普遍接受的货币材料，这种普遍的一般等价物，即特殊商品承担了货币作为价值尺度和流通手段的基本职能。

第二，货币转化为资本，并成为生产和积累财富的手段。在商品经济条件

---

[1] 《马克思恩格斯文集》第5卷，人民出版社2009年版，第106页。
[2] 《马克思恩格斯文集》第5卷，人民出版社2009年版，第106页。

下，货币不仅是商品的交换媒介和价值尺度，同时也是资本的一种形式。这意味着货币不仅是交易的工具，还是生产和积累财富的手段。马克思认为，货币在一定条件下可以转化为资本，当货币被用作购买生产资料和劳动力，并投入生产过程中以获取剩余价值时，它就变成了资本。而资本则是一种能够带来剩余价值的价值，它通过在生产过程中被投入并经过一定的时间后产生更多的价值。在马克思的理论中，所有资本都可以呈现为货币的形式，但并非所有货币都能成为资本。只有当货币在生产过程中被用来创造更多的价值时，它才具有资本的属性。这是一个依赖于特定社会关系和生产方式的过程，而不是货币自身固有的属性。货币的积累和使用在资本主义体系中具有至关重要的地位。

第三，金本位制下的纸币本质论与通货膨胀强调了货币的社会性和与生产关系的联系。马克思在分析货币时，主要讨论了金本位制下的货币。在他的理论中，货币首先是商品交换的媒介，其价值反映了其中的社会劳动。当谈到纸币时，马克思认为，尽管纸币本身不具有内在价值，但它代表了一定数量的黄金（或其他货币基准），因此可以在流通中作为价值尺度和交换媒介。纸币的接受基于国家的强制法令和社会对这种代表性货币的认可。当纸币发行量超过经济对实际货币（黄金）的需求时，就可能出现通货膨胀，因为以过多的纸币追逐固定数量的商品和服务，会导致价格上升。在马克思的分析中，货币贬值不仅是数量问题，也与经济结构和生产关系有关。货币供给的增加如果没有相应的商品产出增长，就可能导致价值转移和财富重新分配，影响不同社会阶层。总之，即便马克思的分析是在金本位体系的背景下进行的，它也为理解纸币的本质和通货膨胀提供了一种深层次的社会经济视角，强调了货币的社会性和与生产关系的联系。在马克思看来，纸币的价值及其稳定性深深植根于其背后的经济和社会结构。

综上所述，马克思的货币本质理论为我们提供了一种全面而深入的理解货币的视角。它不仅强调了货币在商品交换和资本积累中的作用，还揭示了货币与宏观经济环境之间的复杂关系。这一理论为我们理解和应对货币问题提供了重要的理论基础。

(四)货币的职能论

马克思的货币职能理论是他关于货币理论的一个重要方面。马克思从货币在商品经济中的角色出发,详细分析了货币的五种职能——价值尺度、流通手段、贮藏手段、支付手段和世界货币。其中,价值尺度和流通手段是货币的基本职能。价值尺度是指货币作为衡量商品价值的尺度,流通手段是指货币作为商品交换的媒介;其他职能则是在商品经济发展过程中逐渐衍生出来的。这些职能体现了货币在商品经济体系和资本主义经济体系中的核心作用。

第一,货币具有价值尺度的职能。马克思认为货币首先是具有商品价值的尺度。在商品经济中,各种商品的价值需要一个共同的表达形式,货币提供了这样一个尺度,使不同商品的价值能够相互比较。作为价值尺度,货币必须具有普遍性,并被社会广泛接受。虽然在这一职能上,货币并不一定需要物理形式的存在(如在价目表、会计记录中),但它为商品价值提供了统一的衡量标准。所以,货币作为衡量商品价值的尺度,可以表现和衡量其他一切商品的价值大小。此外,在执行价值尺度职能时,并不需要现实的货币,只需要有观念上的货币,比如商品标价等。

第二,货币具有流通手段的职能。流通手段是马克思货币理论中最为核心的职能,货币在商品交换中充当媒介以实现商品的价值。在商品交换过程中,货币充当交换媒介,解决了商品直接交换中的"双重巧合"(正好我有的是你需要的,你有的是我需要的)的问题。作为流通手段,货币必须被实际使用,物理地介入商品的买卖过程,促进商品从卖方转移到买方。作为流通手段的货币,必须是实实在在的货币,但可以是不足值的货币,如纸币。

第三,货币具有贮藏手段的职能。"要把金作为货币,从而作为贮藏货币的要素保存起来,就必须阻止它流通,不让它作为购买手段化为消费品。"[1]因此,货币贮藏手段的实现需要货币退出流通领域,作为社会财富的一般代表被

---

[1] 《马克思恩格斯文集》第5卷,人民出版社2009年版,第106页。

保存起来。作为贮藏手段的货币，必须是足值的金属货币或金属条块，这意味着作为贮藏手段的货币可以保存价值，供未来使用。个人和企业可以通过积累货币来保存财富，这反映了货币在时间维度上转移价值的能力。不过，马克思同时也指出，这一职能在资本主义体系下可能导致资金的囤积，进而影响经济的流动性和稳定性。

第四，货币具有支付手段的职能。在发展到一定阶段的资本主义经济中，货币还充当支付手段。作为支付手段的货币被用来清偿债务、支付赋税、租金、工资等，这一职能是随着商品赊销赊购的产生而出现的。当货币被用作支付手段时，它不仅是简单的交换媒介，还直接涉及资本的流动和再分配。

第五，货币具有世界货币的职能。当货币超越国界，在世界市场上发挥一般等价物作用时，便是在执行世界货币的职能。这需要货币具有在世界市场上被广泛接受的能力。作为世界货币的特定货币（如黄金或某些硬通货）可以用于国际债务的清算、贸易结算、资本转移以及国际资产储备。这一职能体现了货币在全球经济体系中的作用。

马克思的这些分析不仅揭示了货币的多重职能，还深入探讨了这些职能在资本主义经济体系中的具体表现和相互关系，以及它们对经济发展和社会关系的影响。通过这一理论，马克思展示了货币不仅是一个经济现象，更是资本主义社会关系的一种体现。马克思的货币职能理论为我们深入理解货币在经济生活中的作用提供了重要的理论基础。

（五）货币的运动规律论

马克思在《资本论》中详细探讨了货币的运动规律，特别是在分析资本的流通和积累过程中，货币的运动规律关系到资本的运动和整个资本主义经济体系的运作。

马克思提出了货币流通的基本公式。在《资本论》中，马克思提出了货币流通的两种基本形式：商品—货币—商品，货币—商品—更多货币。第一种形式体现了普通商品交换，即出售商品以获取货币，然后用货币购买其他商品。第二种形式则体现了资本的运动，资本家以货币购买商品（劳动力和生产资料），通过生产过程创造更多的价值，最后再将商品转化为比原始更多的货币。

货币量是影响商品流通和经济发展的重要因素。马克思强调，一个国家或经济体系内所需的货币总量，是由商品总价值、货币的流通速度以及价格水平共同决定的。如果货币量超过了实际所需，就会引发价格上升，即通货膨胀；如果货币量不足，则会阻碍商品的流通和经济的发展。

货币的运动促进货币资本的积累与循环。马克思认为，资本积累的过程实际上也是货币资本循环和再循环的过程。资本家通过"货币—商品—更多货币"过程不断实现货币资本的增值和积累。这种循环不仅涉及货币的运动，还包括生产过程中的价值创造和商品的销售等环节。

马克思在分析现代经济体系时，还预见到了信用货币体系的发展对货币运动规律的影响。信用货币与货币体系紧密联系，信用系统的发展减少了对实物货币的依赖，加快了货币的流通速度，但同时也增加了经济体系的不稳定性，导致金融危机等问题。

总之，马克思的货币运动规律论为理解商品经济体系和资本主义经济体系中货币的作用和流通提供了深刻的洞见。通过分析货币如何在不同的经济活动中流动和转化，马克思展示了货币在资本主义生产和积累过程中的中心地位。

（六）货币危机理论

马克思的货币危机理论是他的资本主义经济危机理论的一个重要组成部分，主要涉及资本主义经济中货币流通和信用体系的固有矛盾及其对经济周期和危机的影响。在马克思的理论框架中，货币危机不仅是单纯的货币现象，还是资本主义生产方式内在矛盾的一种表现。

马克思认为货币流通与资本积累的矛盾会引发货币危机。他指出资本主义生产的目的是资本的增值和积累，而货币则是这一过程中不可或缺的媒介。在资本积累过程中，货币流通可能遇到各种障碍，如资本过度积累、消费不足、生产过剩等，这些都可能导致货币流通的紊乱和经济活动减缓，从而引发货币危机。

马克思还认为信用体系的崩溃会引发货币危机。他进一步分析了信用体系在货币危机中的作用：信用体系可以扩大货币供给，加速资本流通，促进经济发展；然而，信用扩张也容易导致过度投机、资产泡沫和债务累积，一旦信用体系崩溃，就会迅速引发流动性危机，导致货币危机甚至更广泛的经济危机。

马克思指出货币危机与经济周期的波动有紧密联系。在马克思看来，货币危机通常不是孤立的事件，而是资本主义经济周期性波动的一部分。经济繁荣时期，信用扩张和资本过度积累可能导致资源的错误配置和市场泡沫；当这些泡沫破裂时，信用收缩、企业破产和银行危机会接踵而至，导致经济陷入衰退或危机。

马克思还指出货币危机反映社会关系的深层次矛盾。马克思强调，货币危机不仅是经济机制的问题，它反映了资本主义社会关系的深层次矛盾，例如劳动与资本之间的矛盾、生产与消费之间的不平衡。这些矛盾在一定条件下通过货币危机得到暴露。

马克思的货币危机理论强调了货币危机是资本主义经济固有不稳定性和内在矛盾的表现。他的分析揭示了资本主义经济周期性波动的内在逻辑，以及货币和信用体系在这些波动中扮演的关键角色。通过对货币危机的分析，马克思揭示了资本主义经济的深层次矛盾和不稳定性，提供了对经济危机深刻的理论洞察。

二、凯恩斯的货币理论

凯恩斯货币理论，也被称为凯恩斯主义货币理论，主要由英国经济学家约翰·梅纳德·凯恩斯在20世纪30年代左右提出，它是凯恩斯经济学的重要组成部分。该理论主要关注货币的需求和供给是如何影响经济的，并强调了货币在经济中的非中性角色。凯恩斯货币理论在货币政策、投资决策、通货膨胀和金融市场等方面提供了重要的理论见解，对于理解和解决现代经济中的货币和金融问题具有重要意义。

（一）凯恩斯货币理论的思想来源

首先，凯恩斯的理论框架是在20世纪30年代"大萧条"背景下形成的，凯恩斯对"大萧条"的反思直接影响了他的经济理论。

凯恩斯生活在自由放任的私人企业制度向私人垄断过渡的英国。当历史进入20世纪以后，英国经济开始出现问题，尤其是在第一次世界大战后，英国经济更是遭受重创。那时，全球经济衰退，高失业、低产出、金融恐慌、社会动荡成为普遍现象。这些社会经济问题促使凯恩斯开始思考经济理论，并试图找到解决经济问题的方法。特别是需求不足导致经济衰退的全球性经济危机，促使凯恩斯思考经济周期和政策干预在经济中扮演的角色。凯恩斯通过对当时英国和世界经济问题的深入观察和思考，在对"大萧条"的深刻的反思基础上提出了他的经济理论，这些方面在其代表作《就业、利息和货币通论》一书中得到了全面的阐述。

凯恩斯认为大萧条的核心问题在于有效需求的严重不足。在经济衰退期间，由于消费者信心低迷和企业预期不佳，消费和投资需求大幅减少，导致生产减少和失业增加。与传统经济学认为市场自由调节机制不同，凯恩斯指出，左右经济的关键是需求，而不仅仅是供给。凯恩斯挑战了古典经济学中的"萨伊定律"（Say's Law），该定律认为"全部生产成本必须直接或间接地被用来购买所生产出来的产品"[1]，因此不会出现生产过剩，同时每个生产者会制造最大数量的产品与人交换，会使生产达到最高水平，且达到充分就业的状态。凯恩斯指出在没有足够需求的情况下，伴随着高失业，经济可能长期处于低迷状态。因此，调节总需求成为实现充分就业的关键。

凯恩斯认为货币政策是有限制性的，当利息率降低到接近零水平时，货币政策会失去影响经济的能力。凯恩斯注意到，即使在低利息率的环境中，投资仍然可能不足以刺激经济增长。这是因为在严重的经济衰退中，企业和消费者对未来的预期非常悲观，宁愿持有现金也不愿用其投资或消费，这就是所谓

---

[1] [英]约翰·梅纳德·凯恩斯：《就业、利息和货币通论》，高鸿业译，商务印书馆1999年版，第23页。

"流动性陷阱"[1]。

凯恩斯认为财政政策在经济中具有重要作用，特别是在应对经济衰退和失业等问题时。凯恩斯强调，在需求不足导致经济衰退的情况下，政府应通过增加支出和减税来刺激经济。这种积极的财政政策可以帮助填补私人部门需求的缺口，从而创造就业和增加收入。

凯恩斯认为不确定性对投资和消费有很大的影响。凯恩斯提出，在经济决策中，不确定性扮演着关键角色。由于未来充满不确定性，投资者和企业可能会推迟投资，即使当前利息率很低。因此，仅依靠市场力量可能无法刺激投资和消费。

凯恩斯的这些反思构成了他宏观经济理论的基础，并对20世纪的经济政策制定产生了深远影响，尤其是在理解和应对经济周期和失业问题方面。

其次，凯恩斯的经济思想在一定程度上是对古典经济学观点的批判和修正。古典经济学认为市场机制能够自动调节资源分配和经济活动，主张自由市场和自由放任的政策。然而，凯恩斯认为市场机制在某些情况下可能会失灵，导致失业和经济不稳定，因此需要政府干预来维护经济稳定。

凯恩斯经济学的理论来源包括前人的经济思想。凯恩斯师从阿尔弗雷德·马歇尔，深受剑桥学派的影响，但他对传统的经济学理论也进行了批判和反思。他批判性地借鉴了重商主义、货币主义等学派的一些思想，并结合自己的观察和思考，形成了独特的凯恩斯经济学理论。例如，凯恩斯在《就业、利息和货币通论》中提出的流动性偏好理论，就是基于他对货币需求的深入分析和对传统货币理论的批判而提出的。凯恩斯挑战了古典经济学的一些核心假设，如市场总是清晰的、价格和工资具有灵活性、经济自然趋向于全面就业等。他认为，在经济衰退期，需求不足会导致资源长期未被充分利用，市场机制单独不能解决这个问题。凯恩斯对古典经济学的批判集中在几个核心领域，这些批判构成了他创新理论的基石。

---

[1] [英]约翰·梅纳德·凯恩斯：《就业、利息和货币通论》，高鸿业译，商务印书馆1999年版，第213页。

凯恩斯批判全面就业的假设。古典经济学认为，长期来看，市场具有自我调节机制，经济系统会自动调节至全面就业状态，即所有愿意工作的劳动力都能够找到工作，不存在持续性的失业。凯恩斯批判这一观点，认为经济可以在不同的就业水平上达到均衡，但不一定是全面就业。他指出，在有效需求不足的情况下，市场自身的机制无法保证全面就业。

凯恩斯批判古典理论所认为的价格和工资具有灵活性，可以自我调整以消除市场上的任何过剩或短缺。凯恩斯指出，"以货币衡量的工资趋于粘着不变，即货币工资比实际工资较为稳定这一事实会对以货币衡量的工资单位的下降施加限制"[①]。由于货币具有流动性特点，在现实中，工资和价格常常呈现出黏性，不会迅速调整以达到市场出清状态。特别是在经济下行期，工资下降的僵硬性可能加剧失业问题。

凯恩斯批判"萨伊定律"。"萨伊定律"声称"供给创造自己的需求"[②]，意味着生产的商品总会找到买家，从而不会出现生产过剩的现象。凯恩斯认为这一定律在经济衰退时期不成立，因为这时候生产过剩和消费不足可以同时存在，导致总需求不足，从而引发和加深经济衰退。

凯恩斯批判利息率对储蓄和投资的调节作用。在古典经济学中，利息率是调节储蓄和投资的关键变量，通过市场机制实现均衡。也就是说通过利息率，社会未被消耗的储蓄能够自动转化为投资，因此社会不会存在生产过剩的失业现象。但凯恩斯认为，利息率更多地受到货币供给数量和流动性偏好的影响，并不能有效地平衡储蓄和投资。在他看来，投资决策更多地受到利润预期和总需求状况的影响，而不是利息率。

凯恩斯对经济周期的解释与古典经济学有分歧。古典经济学往往忽略了经济周期的非自愿性质，将经济波动视为外部冲击的结果。而凯恩斯强调内生经济周期，认为由于投资决策的不稳定性和预期的变化，经济活动自身就会产生波动。

---

① [英]约翰·梅纳德·凯恩斯：《就业、利息和货币通论》，高鸿业译，商务印书馆1999年版，第239页。
② [英]约翰·梅纳德·凯恩斯：《就业、利息和货币通论》，高鸿业译，商务印书馆1999年版，第27页。

通过这些批判,凯恩斯建立了一个新的经济分析框架,强调有效需求在经济稳定和增长中的核心作用,并主张政府应通过积极的财政和货币政策来调节经济活动,以促进就业和防止经济过度波动。这些观点对其货币理论产生了深刻的影响。

最后,凯恩斯主义货币理论是建立在对古典经济学货币理论的批判基础之上。

凯恩斯质疑古典经济学认为的货币是中性的论断。古典经济学认为货币只具备交换的媒介功能,在长期均衡下,货币供应数量的变化不会对实际经济产出、工资、就业人数产生影响,只能影响这些经济变量的货币数值。例如,如果增加货币供应数量,导致货币贬值和通货膨胀,人们可能会要求提高工资,生产成本上升,最终导致价格同比例上涨,但不会对整体产出和就业水平产生影响。凯恩斯认为,这一观点忽略了货币对总需求的影响以及通过总需求对产出和就业的间接作用。在短期内,货币供应的变化可以通过影响总需求进而影响产出和就业。需要注意的是,凯恩斯的"短期"是指社会的技术水平和生产资料保持大致不变的期间。

与古典经济学的货币需求仅依赖于交易需求的观点不同,凯恩斯提出了流动性偏好理论。古典经济学认为现金货币是用来购买消费品或投资的,否则单纯持有现金货币不能让自己的利益最大化,因此货币的唯一的功能就是作为交换媒介。凯恩斯认为,除了交易动机,人们还因为谨慎动机和投机动机持有货币。特别是在不确定性高的情况下,人们的流动性偏好会增加,影响利息率和投资。

凯恩斯批判古典经济学的利息率决定理论,即"储蓄—投资一致性"理论。古典经济学将利息率视为均衡储蓄和投资的价格,也就是说利息率由储蓄和投资之间的供求关系决定。凯恩斯则认为,利息率实际上是决定人们持有货币还是其他资产的价格,并且它会受到货币供应数量和流动性偏好的共同影响。这一点突出了货币政策在经济中的作用,特别是强调调节利息率会影响投资和消费。

凯恩斯批判古典经济学的实物资本理论。在古典经济学中，投资主要由实际因素决定，如资本的生产率和利息率。凯恩斯认为，投资还受到预期回报率与利息率（资金成本）的比较影响，而利息率又受到货币政策的影响。因此，货币政策可以通过影响投资来影响经济的总需求和产出。

凯恩斯还提出总需求管理理论，他强调通过管理总需求来实现充分就业和经济稳定。这一观点与古典经济学侧重长期供给、忽视短期总需求管理的观点形成对比。在凯恩斯那里，货币政策成为管理总需求的重要工具，特别是在利息率调节、控制投资和消费方面。

通过这些批判和理论创新，凯恩斯强化了货币政策在宏观经济政策中的地位，并为后来的经济学研究和政策制定提供了新的视角。他的理论显示，在特定条件下，货币市场的失衡可以持续存在，并对经济产出和就业产生重要影响。

总的来说，凯恩斯货币理论的来源是多元化的，既包括凯恩斯对当时经济问题的深入观察和思考，也包括他对前人经济思想的借鉴和批判。凯恩斯经济学的形成，是凯恩斯在特定历史背景下，结合自己的观察和思考，对传统经济学理论进行批判性发展和创新的成果。凯恩斯经济学的出现对经济学产生了深远的影响，它提供了一种全新的视角和方法来分析和解决经济问题。同时，凯恩斯经济学也为后来的西方经济学发展提供了重要的启示和借鉴。

（二）凯恩斯货币理论的方法论和本体论基础

凯恩斯的货币理论，特别是其在《就业、利息和货币通论》、《货币论》（上、下卷）中展示的观点，是基于一套特定的方法论和本体论框架。方法论关注的是经济学研究中所采用的方法和程序，而本体论关注的则是经济学作为一门科学，其研究的基础实体和存在本质。

1. 凯恩斯货币理论的方法论基础

（1）实证的经济分析方法。凯恩斯的货币理论主要基于实证的经济分析方法，以宏观经济学的视角，注重对经济变量间关系的研究。他通过构建货币需求函数和分析货币市场的均衡条件，来研究货币在经济中的作用。这种方法论结合了归纳和演绎的方法。凯恩斯观察经济现实并从中提取数据,然后使用演绎方法来构建理论框架,解释这些现象。

(2) 经济模型方法。凯恩斯在建立经济模型时,强调模型的实用性和与现实世界的联系。他认为经济模型应该能够解释观察到的经济现象,并对政策制定提供指导。

(3) 政策导向的研究方法。凯恩斯的方法论强烈倾向于应用性和政策相关性。他的理论致力于解决现实世界中的经济问题,特别是就业、产出和经济稳定性问题。

2. 凯恩斯货币理论的本体论基础

(1) 计算货币相关思想。凯恩斯货币论的本体论基础主要源于其对货币本质的认识。凯恩斯强调了货币作为经济活动的交换媒介、价值储藏以及计算单位的重要性。特别是货币作为计算单位在经济中起到了衡量和表示价值的作用,这与"计算货币"作为价值计量和经济计算单位的概念是相呼应的。"计算货币"概念强调了货币在经济计算中的作用,即货币作为一种标准单位,被用于衡量和表示商品和服务的价值。[①]它提供了一个便捷的方式来进行价格比较、商业决策和财务规划。这一概念与凯恩斯关于货币作为计算单位的强调是一致的。凯恩斯认为货币是用于债务支付和商品交换的一种符号,这种符号关系是由"计算货币"派生出来的。计算货币是一种观念上的货币,表现为一种计算单位,如英镑、美元等。经济生活中的债务和一般购买力就是通过这种计算单位的符号来表现。货币本体,即有形的货币,其主要作用是便于交换,而这需通过计算货币的关系来实现。因此,货币本体是依赖于计算货币才成其为货币的。从这一角度看,货币不可能具有实质价值。

(2) 经济现实具有不确定性。凯恩斯的本体论基础之一是对经济现实中不确定性的强调。"除了投机所造成的经济上的不稳定性以外,人类本性的特点也会造成不稳定性。"[②]凯恩斯认为未来是不可知的,经济行为者的决策受

---

① [英]约翰·梅纳德·凯恩斯:《货币论》上卷(货币的纯理论),何瑞英译,商务印书馆2017年版,第7页。
② [英]约翰·梅纳德·凯恩斯:《就业、利息和货币通论》,高鸿业译,商务印书馆1999年版,第165页。

限于对未来的预期，他指出"在过去的预期还远远没有发挥出它的影响以前，新的预期又会加在过去之上；从而，在任何特定时间，经济机器都处于一连串的相互重叠的过程之中，其根源来自过去的各种对前景的预期"[①]。并且，这些预期本身是变化且不完全基于理性的。

（3）货币经济与货币资产论。凯恩斯区分了货币经济与实物经济。萨伊定律应用于物物交换的例子中，人们用粮食交换日用品，不存在生产资料的问题。因此实物经济是一种理想化的经济体系，其中不存在货币。在我们所处的货币经济体系中，凯恩斯强调了货币在经济中的重要性，特别是在对冲风险和调节经济波动方面。他认为，货币政策是一种有效的经济政策工具，可以通过调整货币供应来影响经济活动。凯恩斯还研究了货币对利息率和投资的影响，以及货币对通货膨胀和通货紧缩的作用。货币不仅是交换媒介，也是一种资产。这导致在货币经济中，经济行为与实物经济中的行为有所不同。凯恩斯认为，人们持有货币是因为它是一种流动性较强的资产，可以在需要时用于购买商品和服务。在他的理论中，货币持有量受到人们对流动性和安全性的考虑的影响。

（4）货币的非中性论。与古典经济学视角不同，凯恩斯认为，货币在短期内是非中性的。货币量的变化能够影响实际经济变量，如产出、就业和投资。这为后来的货币政策的制定提供了理论依据。

（三）凯恩斯货币理论的基本观点

第一，凯恩斯认为货币的需求主要受到流动性偏好影响，流动性偏好是个人和企业持有货币的原因，尤其是现金货币。他认为人们持有货币的动机主要有三种：交易动机、谨慎动机、投机动机。凯恩斯认为交易动机是"由于个人或业务上的交易而引起的对现金的需要"[②]，它是为了满足日常交易需要。谨慎动机是"为了安全起见，把全部资产一部分以现金的形式保存起来"[③]，它是为了

[①] [英]约翰·梅纳德·凯恩斯：《就业、利息和货币通论》，高鸿业译，商务印书馆1999年版，第55—56页。
[②] [英]约翰·梅纳德·凯恩斯：《就业、利息和货币通论》，高鸿业译，商务印书馆1999年版，第174页。
[③] [英]约翰·梅纳德·凯恩斯：《就业、利息和货币通论》，高鸿业译，商务印书馆1999年版，第174页。

应对未来不确定性的需求。投机动机是"相信自己比一般人对将来的行情具有较精确的估计并企图从中谋利"①，它是为了从未来的利息率变动或有利的投资机会中获益，如购买有价证券。这三种动机共同决定了个人和企业对货币的总需求量。其中，交易动机和谨慎动机的货币需求相对稳定可预测；而投机动机的货币需求则相对不稳定，因为它受到人们心理预期等主观因素的影响。

第二，凯恩斯提出了货币供应管理理论。在凯恩斯的理论中，货币的供给主要由中央银行控制。中央银行可以通过调整利息率、进行公开市场操作等手段来影响货币的供给量和经济活动，以达到稳定通货膨胀、促进经济增长和维护金融稳定的目标。凯恩斯认为，在某些情况下，如经济衰退期间，中央银行可能需要增加货币供给量以刺激经济。货币市场的平衡由货币供应和货币需求决定，进而决定利息率水平。

第三，凯恩斯提出货币的非中性理论。凯恩斯强调了货币在经济中的非中性角色。他认为，货币供应量的变化可以对实际经济变量（如产出、就业等）产生影响。因此，通过调整货币政策，中央银行可以影响经济的整体运行状况。

货币的中性是指在长期内，货币供给的变化不会影响经济的实际变量，如实际产出、就业、技术和人口增长。在这个观点下，货币供给量的增加或减少仅影响名义变量，如价格水平、工资和汇率，而不会对实际经济活动产生长期影响。古典经济学和新古典经济学通常持有货币中性的观点，认为在长期内，货币仅是经济活动的面纱。

货币的非中性指的是货币供给的变化会影响经济的实际变量，至少在短期内是如此。这意味着如改变货币供应量或利息率的货币政策就可以影响实际产出、就业、投资和消费等经济指标。凯恩斯经济学和许多现代宏观经济学理论强调货币在短期内的非中性特征，认为通过调整货币供给和利息率，政府和中央银行可以对经济活动产生影响，特别是在经济处于不平衡状态时。

第四，凯恩斯提出了利息率决定理论。在凯恩斯看来，利息率是关键变量

---

① [英]约翰·梅纳德·凯恩斯：《就业、利息和货币通论》，高鸿业译，商务印书馆1999年版，第174页。

与决定性因素,其由货币供求关系决定。利息率是平衡货币供求的价格,它由货币供求决定,而非资本供求决定。利息率由"心理状态以及社会的组织与结构所决定"[①],也就是说市场利息率水平由流动性偏好和货币供给的数量相互作用决定。他认为,利息率的变动会影响投资和消费决策,进而影响总需求和产出。因此,利息率的主要功能是平衡货币的持有量,而非协调储蓄与投资。中央银行可以通过调整利息率来影响货币供给量,进而影响经济增长、就业水平和经济整体运行状况。

第五,凯恩斯提出了投资与有效需求理论。"投资与储蓄是为经济制度所决定的因素,而不是决定经济制度的因素。它们是经济制度中的决定因素所导致的后果;这些决定因素是消费倾向、资本边际效率曲线和利息率。"[②]凯恩斯强调了投资在决定总需求和总产出中的重要性,并建立了有效需求理论。投资由利息率和资本边际效率共同决定,资本边际效率受预期收益率和资本资产的供给价格影响。而总投资又是影响有效需求和经济活动水平的关键因素。有效需求的不足会导致失业和产出下降。货币政策通过影响利息率,间接影响投资和消费,进而影响有效需求和经济产出。

第六,凯恩斯提出货币政策和财政政策可作为调节和影响经济活动的工具。在凯恩斯经济理论框架下,货币政策,尤其是调节利息率和控制货币供应量,成为短期内影响总需求、产出和就业等经济活动的关键工具。凯恩斯强调在某些情况下,尤其是流动性陷阱的情况下,货币政策可能会失效,这时需要财政政策来辅助经济调节。在某些情况下,如经济衰退期间,货币政策可能比财政政策更为有效。通过调整货币供应量或利息率水平,中央银行可以刺激经济活动并实现宏观经济目标。

通过这些观点,凯恩斯展示了货币在经济中的关键作用,尤其是在短期内货币政策对实际产出和就业的影响。总的来说,凯恩斯的货币理论体系框架包括货币的需求和供给、货币与经济的关系以及利息率的重要性等方面的理论。

---

① [英]约翰·梅纳德·凯恩斯:《就业、利息和货币通论》,高鸿业译,商务印书馆1999年版,第224页。
② [英]约翰·梅纳德·凯恩斯:《就业、利息和货币通论》,高鸿业译,商务印书馆1999年版,第188页。

这些理论为后来的经济学家提供了重要的思想基础和分析工具，也为货币政策的制定和实施提供了理论依据。

（四）凯恩斯对市场机制和政府干预作用的看法

凯恩斯认为市场自动调节机制有失灵的可能性，他主张政府应该通过积极的干预调控经济活动。

自由主义经济学认为，如果不受外部干扰，市场将自动进行调节，资源配置会达到最优效率，经济会自然而然地实现充分就业。凯恩斯对此提出了强烈批判，他认为市场并不总是能够自我调节至充分就业的状态，尤其是在经济衰退时期。他指出，由于总需求的不足，经济可以在较低的就业水平上达到均衡。因此政府干预经济是具有必要性的。与自由主义经济学提倡的政府非干预原则不同，凯恩斯认为政府应当在经济中发挥积极作用，特别是在经济衰退时通过增加公共支出和调整税收来刺激总需求，实现对社会的投资量控制并提升消费倾向。他主张使用财政政策和货币政策来调节经济活动，防止经济过度波动，并实现充分就业。

凯恩斯对经济危机的看法与自由主义经济学有明显的区别。自由主义经济学认为虽然经济周期中会出现衰退阶段，但这是经济周期的一种自然现象，而不是系统性的经济危机。自由主义经济学认为自由市场机制具有自我调节和恢复的能力，市场的自由竞争会导致资源的有效配置，实现经济增长和繁荣。当经济出现问题时，市场适应性和弹性会自动通过价格机制和供需关系来恢复平衡，市场将自动通过调整和创新来应对和克服经济的困境。因此自由主义经济学家可能不主张在经济危机中过度进行政府干预，他们认为政府干预可能会扭曲市场机制，导致不良后果。他们可能主张采取一些较为温和的政策，如降低税收、减少管制和鼓励创新等，以促进经济复苏和长期稳定增长。根据自由主义经济学的观点，市场的自由竞争将自然而然地导致资源的最佳配置，最终达到经济的均衡状态。凯恩斯则认为这种观点过于乐观，没有充分认识到经济下行期间总需求不足的问题。凯恩斯认为危机产生的实质性因素还是资本边际效率的崩溃，之后"对将来的惶恐和不肯定性很自然地促使流动性偏好急剧增长——由此而导致利息率的上升"[①],而这一事实又加剧投资的下降。凯恩斯强调,不加干预的市场经济可能导致长期的失业和资源浪费。

凯恩斯认为,若政府不进行适当的政策干预,资本主义经济将难以维持长期稳定。凯恩斯对自由主义经济学关于资本主义系统自我调节和长期稳定性的观点表示怀疑。他指出,如果不进行适当的政策干预,资本主义经济可能会陷入长期的低效率和不稳定状态,甚至可能导致社会和政治的不稳定。

凯恩斯的这些理论创新对后来的经济政策制定产生了深远影响,尤其是在强调积极的政府角色和政策干预以维护经济稳定和增长方面。他的理论为后来的宏观经济政策和手段提供了理论基础,包括货币政策和财政政策,尤其是在理解和应对经济衰退、失业和通货膨胀方面。

三、弗里德曼的货币理论

弗里德曼的货币主义理论是20世纪中叶发展起来的一种经济理论,由美国米尔顿·弗里德曼(Milton Friedman)领导的芝加哥学派提出。这一理论强调货币供应量对经济活动的重要性,尤其是在长时期内对国家收入水平的影响。货币主义在20世纪70年代和80年代对经济政策产生了一定的影响,但随着时间的推移,其影响力有所减弱。当今,许多中央银行采取的是一种更为综合的方法,结合货币主义理论和其他经济理论来制定政策。不过,弗里德曼的理论仍然是现代经济学中一个重要的里程碑,并对后来的经济思想和政策制定产生了深远的影响。

(一)弗里德曼货币主义的思想来源

弗里德曼的货币主义理论主要来源于古典自由主义思想,强调市场经济的自我调节能力和减少政府干预。货币主义认为,经济稳定和避免通货膨胀主要通过控制货币供应量来实现,而不是通过财政政策来调节总需求。

弗里德曼的货币主义理论继承了古典自由主义的多个重要思想。

[①] [英]约翰·梅纳德·凯恩斯:《就业、利息和货币通论》,高鸿业译,商务印书馆1999年版,第328页。

弗里德曼继承了货币数量论的传统，并且在其经济学理论中对货币数量论进行了重要的发展和阐释。古典经济学家对货币数量论做出了重要贡献，如大卫·休谟（David Hume）和欧文·费雪（Irving Fisher），他们认为货币供应量的变化会直接影响价格水平，即货币数量与物价水平成正比。弗里德曼在这一点上与他们保持一致，强调货币供应量对经济的长期影响，尤其是对通货膨胀的影响。弗里德曼的货币理论延续了货币数量论的传统，尽管他认为货币数量论并不是关于产量、货币收入或物价水平的理论，而是关于货币需求的理论。货币数量论的基本思想是，货币的价值和物价水平由经济体系中的货币数量决定。弗里德曼在此基础上进一步探讨了货币需求的决定因素。

费雪的交换方程对弗里德曼产生了深远影响，为他的货币理论和货币数量论的发展提供了理论基础和方法论支持。费雪的交换方程 $MV=PT$ 中，M 代表货币供应量，V 是货币流通速度，P 是价格水平，T 是交易总量。弗里德曼采用这个框架来阐述他对货币政策的看法，虽然他对 V 的稳定性有不同的见解。

弗里德曼受剑桥学派影响，与剑桥学派的一些成员在货币理论上有相似之处，但他在一定程度上对剑桥学派的货币理论进行了批判和修正。如凯恩斯是剑桥学派经济学家，他指出货币需求的重要性。弗里德曼的理论重点是货币供应，同时也承认了货币需求的重要性，并将其纳入自己的分析框架中。他认为，人们持有的货币数量受多种因素影响，包括财富总量、财富在人力与非人力形式上的划分、持有货币的预期报酬率以及其他资产的预期报酬率等。个体持有货币的决定不仅受到流动性偏好的影响，还受到名义收入和价格水平的影响。弗里德曼认同费雪提出的人们持有的货币数量或现金余额与其名义收入之间存在较为稳定的比例关系。根据弗里德曼的观点，人们持有货币是为了购买商品和服务，并且他们会根据名义收入和价格水平的变化来调整其持有的货币量，以保持一定的购买力。弗里德曼的真实货币需求理论将货币需求与名义收入和价格水平联系起来，强调了持有货币的决策是基于实际购买力而不是单纯的流动性偏好。这一理论在一定程度上扩展了凯恩斯的流动性偏好理论。

弗里德曼受到了芝加哥学派许多经济学家的影响，如弗兰克·奈特（Frank Knight）、雅各布·维纳（Jacob Viner）、亨利·西蒙（Henry Simons），他们强调货币稳定的重要性，并批评过度的政府干预。他们的观点反映了芝加哥学派的主张，即主张自由市场、个人选择和限制政府干预。弗里德曼继承了这种思想，认为可以通过稳定的货币增长率来实现经济的稳定。

总的来说，弗里德曼的货币理论虽然具有创新性，但也深深植根于他的前辈们的经济思想之中，尤其是在货币数量论和货币政策对经济影响的分析方面。他在这些思想的基础上进行了进一步的发展和创新，形成了自己独特的货币理论体系。

弗里德曼的货币主义理论的一个特点是对其之前的经济学思想的批判。弗里德曼对传统经济学、货币数量论的传统进行了批判，此外对凯恩斯主义经济学的批判尤为突出。

弗里德曼批判凯恩斯主义经济学有以下几点。

第一，弗里德曼是货币主义的重要代表，他批判凯恩斯主义过分强调财政政策而忽视货币政策的作用。他认为货币供应量的变化是经济波动的主要原因，而非凯恩斯主义所强调的总需求不足。

第二，弗里德曼提出自然失业率的概念，批判了凯恩斯主义所认为的通过政府干预能够实现长期全面就业这一观点。弗里德曼认为经济中存在一种自然的、不可避免的"自然失业率"[①]，即经济处于充分就业状态时，保持稳定的通货膨胀水平所需要的失业率水平。弗里德曼将自然失业率分为两个主要部分，一部分是由于经济结构性变化或技术进步而导致的结构性失业，如技能不匹配、行业结构调整等造成的失业现象；另一部分是由于个体在寻找新工作或从一个工作到另一个工作的过程中而存在的暂时性失业。这种失业率不受短期经济波动的影响，也不会因为政府政策的调整而被彻底消除。弗里德曼认为，自然失业率是一种经济的稳定状态，政府不应该通过扩张性的财政政策或货

---

① ［美］米尔顿·弗里德曼：《弗里德曼文萃》，高榕、范恒山译，北京经济学院出版社1991年版，第454页。

币政策来试图将失业率降至零。相反,政府应该专注于提高经济的长期增长率,并通过供给侧政策来降低结构性失业率。如果政府试图通过扩张性的财政或货币政策降低失业率到自然水平以下,最终只会导致通货膨胀从而对经济造成更大的损害,而非就业的增加。

第三,弗里德曼批评凯恩斯主义过分关注短期经济调节而忽视长期影响。凯恩斯主义强调通过财政政策和货币政策来调节总需求,以解决短期经济波动和失业问题。而弗里德曼认为这种做法可能会忽视长期经济的健康发展,并可能导致通货膨胀等长期问题。他指出长期经济稳定比短期调节更重要,而且长期货币政策的效果是可预测的,与凯恩斯主义强调的政策不确定性正好相反。

第四,弗里德曼是自由市场理念的坚定支持者,他批判凯恩斯主义倾向于通过政府干预来解决经济问题。弗里德曼认为市场机制能更有效地分配资源,而政府的过度干预会扭曲市场,降低经济效率。

总之,弗里德曼对前人批判性的继承构建了他的经济学体系,对后世的经济政策和理论研究产生了重要影响。他的理论强调个人选择的自由、市场经济的效率以及稳定的货币政策对经济的重要性。

(二)弗里德曼货币理论的方法论和本体论基础

弗里德曼的货币理论在方法论上主要注重实证主义的研究方法,强调经验证据的重要性。在本体论方面,弗里德曼强调个体理性、货币本位、市场作用。这些理解构成了弗里德曼货币理论的重要基础。通过方法论和本体论的基础,弗里德曼的货币主义理论不仅对经济学的研究方法提出了影响深远的见解,也提供了对货币政策和宏观经济现象的理解框架。

1. 弗里德曼货币理论的方法论基础

(1)实证主义。弗里德曼的货币理论在方法论上主要采用了实证主义的研究方法,强调理论应基于可观察和可验证的事实。他运用大量统计资料,采用实证分析方法,深入研究货币需求的影响因素,并提出了现代货币数量论的货币需求函数方程式。这种方法论体现了弗里德曼对经验证据的重视,以及他试图通过客观数据来揭示经济规律的努力。弗里德曼认为经济学研究应当基于观察到的事实和数据，强调理论和模型的预测一致性，而非其现实性或假设的现实性。对于弗里德曼来说，经济理论的真实性在于其预测的准确性。

（2）定量分析法。弗里德曼强调经济分析应该基于定量的方法，即通过统计和计量经济学方法来建立和测试经济理论。他在货币历史研究中运用大量统计数据来支撑其理论。

（3）模型简化法。在方法论上，弗里德曼认为经济模型应该简洁明了，以便理解和应用，即使这意味着必须忽略现实生活中的某些复杂性。对他而言，将复杂的经济现象和关系简化为较为简单的模型框架能够使模型更易于分析和解释，并且这不削弱其解释力，只要模型能准确预测现象。

（4）经验验证法。经验验证法用于验证理论模型或假设的有效性和适用性。弗里德曼强调理论和模型必须通过实证数据进行验证。这种方法基于对现实世界数据的观察和分析，通过与理论模型的预测进行比较，来验证模型的准确性和可靠性。同时，弗里德曼反对那些过度依赖抽象理论而忽视经验数据的经济学方法，他认为经济学研究应该密切联系实际，理论应该服务于实际问题的解决。

2. 弗里德曼货币理论的本体论基础

（1）经济个体的理性行为。经济个体的理性行为是理解货币市场运作和货币政策效果的重要基础。弗里德曼认为，个体的理性行为会促使货币市场达到均衡，从而实现货币的稳定和经济的稳健增长。因此，在分析货币市场和货币政策时，需要考虑个体的理性行为和预期，并以此为基础进行模型构建和政策制定。

尽管个体行为可能受到多种因素的影响，但在大多数情况下，经济个体（消费者和企业）表现出理性的行为模式，即个体在做出经济决策时会追求利润最大化和效用最大化。

（2）社会的货币本位。弗里德曼提出了社会的货币本位（social monetary

standard）的概念。社会的货币本位是指将货币作为一种社会规范或标准，用来衡量和评价经济活动的效率和稳定性。弗里德曼认为，要使经济活动动荡的规模及频繁程度下降到最低，必须首先使社会具有可靠的货币本位，使货币供应稳定、可预测、可信赖，以及使货币的价值不会随政府或其他机构的不稳定因素而波动。弗里德曼认为不能通过全面控制需求来有意识地纠正经济波动，他主张通过健全货币发行机构的管理机制，建立一个透明、稳定、有效的货币政策框架，来确保货币供应量的稳定性和可靠性，实现经济的稳定和增长，保护经济不受通货膨胀和通货紧缩的影响。

（3）市场作用。弗里德曼的本体论还着重强调市场机制的有效性。他认为在大多数情况下，市场能够有效地协调个体行为，实现资源的有效分配。弗里德曼主张为了实现最佳的经济效果，应该采用一种简单、透明、普遍适用的规则，而不是依赖于复杂的调控和政策干预。国家应尽量减少对经济生活的干预，政府需要采取的唯一政策是把货币供应量的年增长率长期固定在同预期的经济增长率基本一致的水平。这一政策被称为"单一规则"，具体来说，弗里德曼提倡通过货币政策的单一规则来管理货币供应量，其目标是实现经济的稳定增长和低通货膨胀。这种单一规则能够使市场参与者形成稳定的预期，避免政府过度干预带来的不确定性，从而促进经济的稳定和增长。此外，采用单一规则的货币政策有助于避免政府官员进行主观判断和频繁调整政策，减少政策干预和操纵，提高货币政策的透明度和可预见性，从而减少市场的不稳定性和波动。①

（三）弗里德曼货币理论的主要观点

弗里德曼对"货币数量论"进行了现代解释。弗里德曼重塑了经典的货币数量论，强调货币供应量是决定物价水平和经济产出的主要因素。弗里德曼对著名的货币数量方程重新表述。这个方程被称为"交易方程"：$MV=PQ$，其中 M 是货币供给量，V 是货币流通速度，P 是物价水平，Q 是国内生产总值的实际

---

① ［美］米尔顿·弗里德曼：《货币稳定方案》，宋宁、高光译，上海人民出版社1991年版，第109—128页。

量。弗里德曼认为，长期来看，V和Q相对稳定，因此货币供应量M是决定P的主要因素。[1]

弗里德曼得出了"货币需求函数"，在他的研究中探讨了货币需求函数的稳定性。弗里德曼认为在长期内，货币需求函数是相对稳定的，货币需求的增长率将与一些经济因素相关联，如国民收入增长率、人口增长率、技术进步率等。他主张，尽管货币需求函数会受到这些因素的影响，但在长期内，这些影响可以被视为是相对稳定的，尤其是在对货币供应的反应上，因此货币需求函数也可以被视为相对稳定。

弗里德曼的这一观点对货币政策的制定具有重要意义。如果货币需求函数是稳定的，那么货币政策制定者就可以更加可靠地预测货币需求的变化，从而更好地调整货币供应量，以维持货币的稳定和经济的增长。因此，弗里德曼的货币需求函数稳定性假设对货币政策的实践产生了一定影响。弗里德曼认为，影响人们持有货币数量的主要因素是恒久性收入，它是决定货币需求的主要变量。由于恒久性收入具有较强的稳定性，因此货币需求也相对稳定。这一观点与凯恩斯的货币需求理论有所不同，凯恩斯强调利息率在货币需求中的作用，而弗里德曼则弱化了利息率的影响。

弗里德曼认为，货币政策是调节经济的重要且有效的手段。他主张通过控制货币供应量来影响经济运行，强调货币政策的稳定性和可预测性。弗里德曼认为，在长期内，货币供应量的变化直接影响经济活动，过量的货币供应只会导致通货膨胀，而不会提高实际产出。在短期内，货币供应量的增加可能会刺激经济增长，但需要谨慎处理，以避免不良后果。

因此，在弗里德曼看来，货币政策需遵循"单一规则"，也就是恒定的货币增长率规则，即货币供应量应以与经济增长率相适应的恒定比率增长，而不是根据短期经济波动进行调整。弗里德曼批评了灵活调整的货币政策，认为这种政策反而可能引发或加剧经济的波动。他主张货币政策应该遵循一种长期不

---

[1] ［美］米尔顿·弗里德曼：《弗里德曼文萃》，高榕、范恒山译，北京经济学院出版社1991年版，第361—377页。

变的规则，而不是根据短期经济状况频繁调整，这样可以为经济提供一个稳定的环境，也是为了避免政策制定者的干预引起经济波动。弗里德曼指出灵活调整的货币政策可能导致货币供应量过度增长，从而引发通货膨胀；灵活调整的货币政策会增加市场的不确定性，进而影响整个经济的运行；灵活调整的货币政策也容易受到政治压力和短期利益的影响，而忽视了长期的经济稳定和健康。

弗里德曼认为，通货膨胀的根本原因是货币供应量增长率超过了经济增长率，导致货币的价值下降。根据这一理论，当政府或中央银行过度增加货币供应，而经济中的商品和服务的总量没有相应增加时，货币的价值就会下降，导致通货膨胀。因此，治理通货膨胀的有效手段是控制货币供应量。他主张通过限制政府开支、削减赤字等方式来减少货币供应，从而降低通货膨胀率。

此外，弗里德曼是自由浮动汇率制度的倡导者，他认为汇率应该由市场供求关系自由确定，而不是由政府或央行进行干预。[①]在浮动汇率制度下，汇率可以根据国际贸易、资本流动和其他市场因素的变化自由波动，以提高经济效率。他批评了固定汇率制度，认为这种制度容易导致国际收支失衡和货币危机。尽管弗里德曼主张自由浮动汇率制度，但他也认识到在某些情况下可能需要央行干预，以防止汇率过度波动和市场失灵。然而，他认为这种干预应该是有限的，只在必要时进行，以保持市场的稳定和透明度。这一观点对后来的经济学家和政策制定者产生了重要影响，成为现代国际货币体系的一个重要参考。

综上所述，弗里德曼货币理论的主要观点包括重塑货币数量论、货币需求函数的稳定性、货币政策的有效性、遵循"单一规则"反对灵活调整的货币政策、探究通货膨胀的原因与治理、倡导自由浮动汇率制度。这些观点构成了弗里德曼货币理论的核心内容，并对现代货币经济学产生了深远的影响。

---

① ［美］米尔顿·弗里德曼：《弗里德曼文萃》，高榕、范恒山译，北京经济学院出版社1991年版，第572—573页。

四、马克思、凯恩斯、弗里德曼货币理论比较

(一) 三位思想家基本的货币思想

马克思、凯恩斯和弗里德曼是经济学史上三位极具影响力的思想家,他们关于货币的理论体现了各自对经济系统的根本理解和哲学立场。以下是对他们货币思想异同的比较分析。

1. 马克思的货币思想

(1) 货币的本质。马克思认为货币不仅是交换的媒介,更是价值的表现形式和积累工具。从本质上讲,货币体现了商品的社会关系,是资本主义生产关系的核心。

(2) 货币与资本积累。在资本主义经济中,货币是资本积累和生产过程的必要条件,对于资本循环和扩大再生产至关重要。

(3) 货币与经济危机。马克思认为,货币还可能导致经济危机,特别是通过货币市场和资本市场的波动性。

2. 凯恩斯的货币思想

(1) 货币需求理论。凯恩斯在《就业、利息和货币通论》中提出了流动性偏好理论,认为个体持有货币的需求,不仅是为了交易需要,还包括谨慎需求和投机需求。

(2) 货币与有效需求。凯恩斯认为,货币市场与商品市场相互影响,货币供应和利息率水平对总需求、投资和就业有直接影响。

(3) 政策干预。凯恩斯主张政府通过财政政策和货币政策进行经济干预,以此实现充分就业和经济稳定。

3. 弗里德曼的货币思想

(1) 货币数量论。弗里德曼发展了现代货币数量论,强调货币供应量的变化对经济有长期影响,尤其是对价格水平和通货膨胀率的影响。

(2) 货币政策的角色。弗里德曼认为,货币政策比财政政策更为重要,应通过控制货币供应量的增长来维持经济稳定,反对频繁和激烈的政策干预。

（3）预期与自然失业率。弗里德曼提出了自然失业率概念，并强调了预期在经济调整中的作用。他认为长期的货币政策应当是可预测的，反对灵活多变、随意调整的货币政策，以避免引起不必要的经济波动。

（二）三位思想家的理论异同点比较

通过比较这三位经济学家的货币思想，我们可以看到他们对货币在经济中作用的根本理解、对经济稳定和政策干预的态度，以及对市场与政府角色的看法存在显著差异，这些差异映射出他们不同的经济哲学和理论框架。

1. 对货币本质的看法

马克思看重货币在价值体现和资本积累中的作用，凯恩斯强调货币需求的多元性和货币对有效需求的影响，而弗里德曼则侧重于货币供应量对总体经济水平的影响。

2. 货币政策的角色

凯恩斯和弗里德曼都重视货币政策，但凯恩斯倾向于积极的政策干预，而弗里德曼主张稳定的货币增长率和最小化的干预。马克思则更多关注货币在资本主义经济结构中的作用，对现代意义上的货币政策讨论较少。

3. 经济稳定与政策干预

凯恩斯认为经济不稳定是资本主义系统固有的特征，主张通过政府干预，特别是货币政策和财政政策，来调节经济，实现经济稳定与充分就业。相比之下，弗里德曼虽然认为货币政策对经济稳定至关重要，但他主张政府应采取规则化的政策，避免主观的干预，以保持长期的经济稳定及与预期的一致性。马克思则将经济不稳定视为资本主义体系内在矛盾的表现，对货币政策的稳定作用持批判态度。

4. 货币供应与经济周期

弗里德曼认为通过控制货币供应量的稳定增长可以避免经济的过热和衰退；而凯恩斯则看到了在经济萧条时期增加货币供应量以刺激市场需求的必要性；马克思关注货币如何在资本主义经济的各个阶段中起作用，尤其是货币在经济危机中扮演何种角色，而不是通过调节货币供应来控制经济周期。

5. 市场与政府的作用

弗里德曼强调市场的自我调节能力，并主张限制政府的干预；凯恩斯则认为市场存在先天性的固有缺陷，特别是在总需求不足时，政府应通过积极的政策干预来纠正市场失灵；马克思则从根本上批评资本主义市场经济，认为市场和货币机制本身植根于资本主义生产方式的矛盾之中。

（三）三位思想家的理论背景与影响的比较

马克思、凯恩斯和弗里德曼的货币思想虽然都关注货币在经济中的作用，但他们的观点、理论背景和影响截然不同。马克思将资本主义体系下的货币视为批判对象；凯恩斯强调货币在宏观经济调控中的重要性；而弗里德曼则倾向于将货币视为自由市场经济中的一个重要组成部分，并主张减少政府对其的干预。这些差异不仅反映了他们个人学术见解的分歧，也体现了不同历史时期和经济环境下经济学理论发展的多元性。

1. 马克思

（1）理论背景。马克思的货币理论是建立在其政治经济学体系之上的，特别是其对资本主义生产方式的批判。他认为货币是商品经济发展到特定阶段的成果，并且是资本主义生产关系的重要体现。

（2）影响。马克思的货币理论对后来的社会主义和共产主义运动产生了深远的影响，成为这些运动的经济纲领的重要组成部分。同时，它也启发了对资本主义经济体系的批判性研究。

2. 凯恩斯

（1）理论背景。凯恩斯的货币思想是在其宏观经济理论框架内发展起来的，特别是在其《就业、利息和货币通论》一书中得到了详细阐述。他提出了货币政策的宏观经济效应，尤其是在经济衰退期间通过货币政策刺激总需求的重要性。

（2）影响。凯恩斯的货币思想对20世纪宏观经济政策的制定产生了巨大影响，尤其是在"大萧条"之后，许多国家采纳了凯恩斯的政策建议，通过积极的货币政策和财政政策，来推动经济增长并减少失业。

3. 弗里德曼

（1）理论背景。弗里德曼的货币理论是在其对自由市场经济理念的坚持下发展起来的。他强调市场机制的自我调节能力，并批评过度的国家干预。

（2）影响。弗里德曼的货币思想对20世纪后期的经济政策制定产生了重要影响，特别是在推动市场经济改革和减少政府干预方面。他的理论也启发了对货币政策有效性的重新评估。

（四）三位思想家的经济哲学根本差异

三位思想家的经济哲学反映了他们所处的不同历史和社会背景下的不同时代问题，同时也塑造了我们今天理解经济和制定经济政策的方式。马克思、凯恩斯和弗里德曼的理论至今仍然对经济学的教学、研究和政策制定有着深远的影响。

1. 对经济系统的根本看法

马克思将资本主义视为一个充满矛盾和危机的系统，凯恩斯看到的是一个需要政府干预来纠正市场失灵的系统，而弗里德曼相信市场的自我调节机制和个体选择的自由。

2. 对经济政策的信念

马克思主张从根本上改变经济系统结构；凯恩斯信任政府有能力通过政策干预纠正市场失灵；弗里德曼则强调政府干预的限度，倡导通过规则而非自由裁量的政策来引导经济。

3. 对市场与政府角色的理解

马克思认为市场经济是剥削的机制，政府在资本主义框架下无法摆脱为资本服务的角色；凯恩斯认为市场并不总是有效的，政府应通过智慧的干预来纠正市场失灵和经济波动；弗里德曼则看到了市场效率和自由选择的价值，认为政府的作用应当是提供一个稳定的框架而不是直接干预经济活动。

第三章

货币形态的历史变迁

货币在人类发展史中表现为各种不同的形态，比如实物货币（粮食、家畜、海贝）、金属货币（金、银、铜）、纸币、银行卡、电子货币、数字货币。虽然货币在人类历史上表现出不同的多样的形态，但是它们又都被称为货币，这就说明，货币的物质形态或载体不是货币所固有的本质属性，不同货币形态背后一定存在某种共同的本质。那么，这种共同的本质是什么？

这种共同的本质就是"一般等价物"[1]，它是由两个方面构成的：其一，就是一般等价物的"质"，这个"质"就是"价值"；其二，就是一般等价物的"量"，这个"量"就是"价值量"。这种质和量的统一体就是货币。

一、从物物交换到实物货币

（一）物物交换

货币的诞生是在人类物质交换的交往活动中。人类最初的物质交往形式是物物交换，物物交换活动是人类文明区别于动物的重大的质的飞跃。我们在考察人类物物交换的历史时，是将其置于前工业社会或前资本主义的背景下进行的，因为在商品经济比较发达的现代社会，物物交换基本消失之前，纯粹的物物交换以及与实物货币和金属货币长期并存的物物交换，存在于人类社会发展历史上的绝大部分时间。

在人类社会的早期阶段，人并不是以孤立的个体形式存在的，而是隶属某个共同体。在公元前1万年到公元前4000年的新石器时代晚期，当时的社会已经开始形成一定规模的部落聚落。随着社会组织结构的发展、生产工具的改进，人类社会出现了社会分工。人类从以打猎和采集为主的生活方式逐渐转变为以农业和畜牧业为主的生活方式，产生了一定的剩余产品。交换需求随着剩余产品的出现而产生。人们用自己剩余的产品以物易物换取自己所需要的产

---

[1] 《马克思恩格斯文集》第5卷，人民出版社2009年版，第105页。

品，这种需求首先在同一个族群内部出现，后来逐渐扩展到不同族群之间。

物物交换最初的形式是简单的直接交换，即双方各自拥有对方所需物品，在达成一致的情况下直接交换，物物交易的前提是双方互有需求。由于对其他物品有需求，物物交换的交易物品通常是一些常用的实物交换品，这种交换方式在不存在货币经济的社会中是非常普遍的。

在人类原始社会的物物交换阶段，人们的生产主要是为了满足自身的直接需要，物物交换是偶然和简单的，不具备系统性和常规性。这种交换基于直接的物质需要，而非为了交换价值。"劳动者把自己劳动的客观条件当作自己的财产，这是劳动同劳动的物质前提的天然统一。因此，劳动者不依赖劳动就具有对象的存在。"[1]他们将自己视为所有者，即自己现实条件的主人。在这种情境下，劳动者进行生产的主要目的是保证共同体成员的生存以及共同体的正常运作。劳动主要是为了生产使用价值，而不是为了创造交换价值。然而，尽管交换价值不是生产的主要目的，交换依然存在。最初的交换主要发生在共同体内部，这是由于部落内部成员之间有不同的需求和资源，通过交换可以满足各自的需求。但是，交换并不是部落共同体的主要生活内容。

（二）从物物交换到实物货币

随着时间的推移，交换从最初因需求而进行的简单物物交换，逐渐转变为更加复杂的物质交往形式，交换的发展改变了人类的生产方式和发展方向，同时推动了人类实物货币的产生。随着生产力的发展和分工的出现，人们生产的物品超过了自身需要，产生了剩余产品。这促进了商品交换的发展，这种交换方式逐渐发展成为更为复杂和有组织的形式，比如通过中间人进行交换，或者发展出一些原始的交换标准，为后来货币经济的出现奠定了基础。这是由于物物交换的双方不一定总是恰好有对方需要的实物用品，因此他们通过第三方，或被人们普遍认可和广泛接受的交换媒介进行交易，如粮食、家畜、贝壳、盐、金属等能够固定充当一般等价物的特殊商品，实物货币就此出现。多种实物货币

---

[1] 《马克思恩格斯文集》第8卷，人民出版社2009年版，第122页。

的出现大大促进了交易的便利性，从物物交换到使用实物货币交换使人类文明进入了一个崭新的历史阶段，其突出的代表就是进入农耕文明的"四大文明古国"。

如牲畜、布匹、粮食、金属块等被用作交换媒介的物品由于具有相对稳定的价值、易于保存和携带等特点，逐渐成为交易中的一般等价物。由于地理环境、文化传统和社会结构的不同，四大文明古国采用了不同的物品作为交换媒介或实物货币。在尼罗河流域的古埃及文明中，谷物经常被用作交换媒介。由于农业在埃及经济中占据中心地位，尤其是小麦和大麦的生产，这些谷物成了一种重要的经济货币。古埃及人使用谷仓来存储和分发谷物，这种实践在一定程度上促进了谷物作为交换媒介的使用。在两河流域的古巴比伦，银在很早就被广泛用于大规模交易和作为财富的存储，谷物在日常小规模交易中充当媒介。在印度河流域的古印度文明中，多种物品如谷物、牲畜等被用作交换媒介。在吠陀时期，金、银等金属开始被用作经济交换的媒介。

中国古文明起源于黄河和长江流域。中国古代社会的商品交换呈现出物物交换和实物货币（谷物、布帛、海贝、金属等）交换并存的局面，这种并存的状态持续了很长时间。物物交换和货币交换在不同地区、不同经济发展水平和不同社会阶层中表现出不同的比重和形式。在秦朝统一货币之后，货币交易逐渐成为主要的交易形式，特别是在城市和商业较为发达的地区。然而，在一些偏远地区或者农村，由于货币流通不足或经济较为闭塞，物物交换仍占据重要的位置。此外，即使在货币经济较为发达的区域，小规模的、日常的交易中仍然可以看到物物交换的存在。物物交换作为一种经济活动，从未在中国古代社会完全消失，尤其是在遭遇战乱、自然灾害或货币贬值严重的时期，物物交换会再次成为重要的交易方式。然而，随着经济的恢复与发展，以及货币体系的完善，物物交换的比重会逐渐下降，货币交换成为主流。总之，物物交换并没有在某一特定时间点完全消失，而是随着货币经济的发展逐渐减少，最终成为一种边缘化的交易方式，而货币交换成了经济活动的主流形式。

总的来说，这些早期文明根据各自的社会经济结构和历史文化特点，采用了不同的物质交换媒介。随着经济的发展和物质交换范围的扩大，更为统一和便于流通的交换媒介逐渐出现，最终导致了货币形态的变革和发展。正如马克思所说，随着商品交换的发展，商品的价值形式也经历了从简单、单一，到扩大、一般和货币价值形式的转变。[①]这一过程体现了商品生产者之间关系的抽象化和复杂化。在交换的发展过程中，某种商品逐渐被接受为一般等价物，承担起价值尺度和交换媒介的职能，这就是货币的起源。货币的出现极大地促进了商品交换的便利和商品市场的形成。交换不仅是商品的物理形式的转换，更重要的是价值的转换和增值过程。物物交换不仅是经济现象，还反映和构成了一定生产力条件下的社会关系。在不同的生产方式下，物物交换体现了人与人之间不同的社会联系和依赖关系。

二、从实物货币到金属货币

金属货币，尤其是黄金和白银，在人类货币发展历史中居于中心地位。金银作为货币，是商品交换历史发展的必然产物。马克思指出，"金银天然不是货币，但货币天然是金银"[②]。金银由于其独特的物理属性（易于分割、携带、保存）和社会属性，具有稳定的价值。同时，金银在长期的历史过程中被广泛接受为交换媒介，逐渐从众多商品中分离出来，固定地充当了一般等价物。这种变化极大地推动了商品经济的发展和社会的进步。

（一）人类对金属货币的普遍使用

在人类历史上，金属货币在公元前1000年左右开始在多个文明古国中出现，并逐渐在贸易中取代实物交换，尤其是在城市化和商业活动发展较为先进的社会中。在公元初的几个世纪里，金属货币已在多数地区成为主要的交易媒介。

在四大文明古国的后期阶段，金属货币逐渐取代实物货币成为主要的交换媒介。古巴比伦在公元前18世纪左右就使用金属货币。当时，银质货币在市场

---

① 《马克思恩格斯文集》第5卷，人民出版社2009年版，第62—88页。
② 《马克思恩格斯文集》第5卷，人民出版社2009年版，第108页。

上广泛流通，银成为衡量价值和进行交易的标准媒介。古埃及从公元前15世纪左右，开始使用金属货币（特别是黄金），主要用于大规模的国际贸易。不过，金属货币并未在古埃及社会中广泛普及成为日常交易的主要形式。在古希腊，大约公元前7世纪，希腊城邦开始铸造金属硬币，特别是在吕底亚地区。金属硬币的引入极大地促进了贸易和市场经济的发展，金属货币在这一时期开始广泛流通。古罗马在公元前5世纪左右开始铸造铜币，随后银币和金币也开始被使用。到了罗马共和国和帝国时期，金属货币已经成为其经济生活中不可或缺的一部分，被广泛用于日常交易和积累财富。在古中国，金属货币的使用始于周朝（公元前1046年—公元前256年），初期主要使用铜质的布币、刀币等货币形式。到了春秋战国时期，各国开始铸造自己的货币，金属货币的使用变得更加普遍。秦统一六国后（公元前221年），开始建立统一的货币制度，推动了金属货币在整个社会的广泛流通。

（二）中国古代金属货币使用情况

中国古代最早出现的金属货币可以追溯到商朝晚期，大约公元前11世纪，那时出现了最早的金属货币形式之一——兽面纹铜币。然而，这种铜币的货币属性并不明显，它更多地被视为一种有价值的礼品或是贵重物品。真正意义上的金属货币是在春秋战国时期（公元前770年—公元前221年）开始广泛流通的。生产力与生产技术的发展推动了农业的进步，促进了手工业与商业的繁荣，由农具铲、工具刀以及纺轮等生产生活工具发展演变而来的各种青铜铸币取代了人类早期使用的实物货币。列国争霸的格局和各地区不同的政治、经济、文化的发展使不同种类的货币在不同区域流通，最终形成了先秦时期的四大货币体系，包括刀币、布币、圜钱和楚国货币。

秦统一六国后，秦始皇进行了货币制度的全国统一。他废除了六国原来的货币，规定以黄金为上币，半两钱币为下币，推行以两、铢为单位的纪重货币制度，并将钱币的圆形方孔的形制以法律形式固定下来。圆形方孔钱形制一直被使用到20世纪初的民国时期，并影响整个东亚地区两千余年。

汉承秦制，继续实行纪重货币制度。西汉前期曾多次调整钱币的法定重量，西汉武帝元狩五年（公元前118年），实行币制改革，铸铜制五铢钱，并将货币铸造权完全收归中央政府，完成了铸币权的统一。由于重量大小较为合适，五铢钱成为中国历史上流通时间最长的钱币形态之一。王莽篡夺西汉政权建立新朝后，过分相信行政权力可以控制经济运行，无视货币发展的自身规律，四次改革币制，采用纪值币制，最终造成社会的混乱，币制改革以失败告终。东汉恢复了西汉的五铢钱币制。五铢钱的重量奠定了中国后世"小平钱"的重量基础，重量作为我国古代货币标准的基础一直被沿用至清朝末年，并且这一重量也是整个东方货币体系的基础货币重量。

三国两晋南北朝时期，频繁的战争使社会经济遭到破坏，也造成了商业环境恶化，导致金属钱币需求量明显减少。个别政权不铸造钱币；有些政权虽铸造钱币，但发行量有限，且不乏大币值的虚值钱、减重钱和铁钱；还有些政权则沿用汉代以来的旧钱。为了促进经济恢复，隋文帝整顿币制，废除旧钱，铸五铢钱。

唐代货币税兴起，提高了铜钱的地位。唐代钱币不再以纪重作为钱文，而改为"宝"，如天宝年间铸行"通宝"，并加缀铸造年号，发行"开元通宝"。唐朝发行的"开元通宝"钱，每十文重一两，是中国古代衡法改为十进制的开始。"钱"从此成为称量单位，这种钱的重量单位成为中国唐代以后历代钱币重量的标准，直到民国以后逐步不再采用。宝文钱铸铭朝廷年号、吉语而不再铸铭重量，强调的是钱币的法定流通地位，它是依靠朝廷法令流通的铜钱。

五代十国延续了唐末藩镇割据的混战局面，北方社会生产遭到破坏，经济、文化中心南移。五代虽延续时间不长，但几乎每个政权都铸造发行了本政权的金属货币。十国当中有七国均铸有货币，但铜钱总体数量较少，流通中主要使用铅钱和铁钱，还有一些为虚值大钱。

北宋商品经济繁盛，大量使用铜钱进行商业贸易，政府规定交税、军需、官吏俸禄用钱支付，钱币需求量、发行量大增，故北宋铜钱铸造量为我国历史上最大。到了南宋，江南地区大量使用铜钱进行商业贸易，但由于铜矿开采不足，铸币量不足，铜钱又通过商品贸易大量流失到境外，以致产生钱荒，以铁钱补充。宋代实行货币分区流通,铜、铁钱兼行是两宋币制的一大特点。

元朝政府长期禁止百姓使用金、银、铜钱,推广纸币,建立完备纸币管理制度,力图使纸币成为单一的全国性货币,其间仅几次短暂铸造铜钱。

明朝前期以纸币为主,后期以白银为主。清代流通货币以白银为主,铜钱为辅。从宋到明清还产生了纸币与银本位体系。[①]

(三)金银作为天然的货币

世界上几乎每一个国家,在货币材料发展过程中都使用过金、银。黄金是由密度最大的天然金属构成的物质之一,它的这种独特性使它成为一种理想的交易媒介,也成为具有悠久交易媒介历史的一种通用货币。俗话说"乱世买黄金",人们认为黄金是具有避险功能的。黄金是人类历史上世界范围内认可的跨越空间最广、历经时间最长的货币。当发生战争,社会秩序崩毁、信用和金融机制瓦解时,黄金往往会成为大众认可的流通手段和支付手段,这也意味着黄金在极端状况下具有保值功能,即贮藏手段职能。同样,白银也具有一定的避险和保值功能。

金银货币在商品交换中发挥了重要的作用,推动了商品经济的发展。首先,金银作为货币,极大地促进了商品交换和流通。由于金银的广泛接受性,不同种类的商品可以通过金银进行交换,这大大简化了交换过程,提高了交换效率。其次,金银作为价值尺度,使得商品的价值得以量化,从而方便了价值的比较和计算。最后,金银作为贮藏手段,使得价值可以被长期保存并随时转化为流通手段,这有助于稳定价值并促进财富的积累。

黄金和白银在众多商品中逐渐被世界各国人民选择并作为最普遍的价值尺度和交换媒介,是包含众多因素的。第一,金银具有诸如可分割性、均一性、耐久性、便于携带和储存等特性,特别适合作为货币。第二,金银货币作为价值尺度,为商品提供了一个共同的价值表达形式,即价格。价格体系的建立使不同商品的价值可以进行比较和量化,促进了市场交易和价值流通。第三,在

[①] 吕章申主编:《中国古代钱币》,中国社会科学出版社2011年版,第11—205页。

市场交易中，金银货币充当流通手段，促进了商品的买卖。第四，与后来的纸币或电子货币不同，金银货币本身具有价值，这一价值与其所代表的商品价值相匹配。这是因为黄金和白银本身就是劳动产品，其价值由生产它们所需的劳动量决定。第五，金银货币具有跨越国界的普遍接受性和价值稳定性，使其在国际经济关系中扮演关键角色。在国际贸易中，尤其是黄金，成为国际支付和价值尺度的主要形式。第六，金银的货币地位也受到历史和社会因素的影响。由此可见，在早期交易中，人们逐渐意识到某些商品更适合作为交换媒介。随着这种认识的普及和交易实践的积累，金银逐渐被广泛接受和使用，形成了一种社会共识和习惯。

在金、银、铜、铁这四种金属中，金和银通常因其价值较高而被用于较大额的交易或作为大额财富贮藏。铜货币是在日常生活中最为普遍使用的。铜具有良好的物理特性，如熔点相对较低、易于锻造和铸造，以及有较高的耐腐蚀性，这些特性使得铜成为制造小额货币的理想材料，而铁则因其易生锈和较高的熔点在货币制造上使用较少。在古罗马，铜币阿斯（As）在其日常经济活动中扮演了基础的角色；在古中国，从周朝开始铸造的铜钱在中国货币体系中占据了中心地位，成为日常交易的主要媒介；在中世纪到近现代的欧洲，铜币同样被广泛使用，尤其是在小额交易中；在现代货币体系中，尽管电子货币和纸币在交易中占据主导地位，但铜合金（通常与镍合金搭配）仍被用于制造硬币。铜货币之所以被普遍使用，主要是因为它的价值适中、材料易得且制造方便等优点，适用于广泛的小额交易，这在历史上和现代社会中都是非常重要的。相比之下，金和银虽然价值更大、更稳定，但主要用于大额交易和财富贮藏，而铁质货币则因其物理特性不如铜而较少被使用。

（四）金本位的兴衰

从近现代世界货币历史来看，1816年英国的《金本位制度法案》的颁布，推动了黄金转化为世界货币的进程。在金融金本位制度下，各国法定货币以黄金为价值标准。19世纪末20世纪初，自由资本主义国家普遍实行金本位制度。马克思认为黄金天然不是货币，但货币天然是黄金。黄金有商品和货币的二重性。20世纪30年代,欧洲金融市场爆发金融危机,1931—1932年,世界爆发金融危机,各国黄金流失现象严重,第一次世界大战后重建的国际货币体系崩溃。1944年,在布雷顿森林峰会上为了构建第二次世界大战后的国际货币新秩序,成立了世界银行和国际货币基金组织(IMF),创建了全球固定汇率制度,美元被定为全球储备货币,形成了布雷顿森林体系。当时金本位制曾覆盖了世界上三分之二的国家,给世界带来了某种形式的世界货币的统一。随着经济的进一步发展,人们对大量美元的需求造成美元贬值,美元贬值又造成拥有大量美元的国家将美元兑换成黄金。1971年8月15日,为了应对美元贬值、黄金流失的现状,美国总统尼克松宣布,美国放弃金本位制,布雷顿森林体系解体。布雷顿森林体系崩溃以后,各国法定货币与黄金脱钩,以主权信用为法定货币价值担保。贵金属的稀少特性使黄金成为货币,但它的稀少特性也决定了其无法匹配现实经济的供给需求,因此各国中央银行根据经济发展需求,发行了主权信用货币。

但如今,黄金依然有着作为战略资源储备、投资等货币才有的功能。它可能在特殊时期依然会有稳定金融和实体经济、保障国际收支平衡、保障国家经济建设等作用,使其在世界经济与金融生活中依然有着特殊地位。

(五)以金属货币为核心的统一货币体系的形成

在一个国家或经济体内部,随着市场的发展和经济活动的扩大,需要一个统一的货币体系来促进商品交换,降低交易成本,提高经济效率。统一货币体系的确立是通过国家法律和政府权力强制实施的,确保了货币的信用度和通用性。随着货币体系的发展,货币开始承担多种职能,包括作为价值尺度、流通手段、贮藏手段、支付手段和世界货币。这些职能的发展标志着货币体系从简单到复杂的演变,为更加复杂的经济活动和更广泛的市场交换提供了必要的基础。

从金属货币的历史来看,最初的金属铸币出现在吕底亚,在如今的土耳其境内。这些最早的硬币通常是不规则的豆形或圆形,大小和重量不一,但都有官方标记,以证明其真实性和价值。这些标记通常是一些简单的文字、符号、动物形象或者象征君主和权力的图案。吕底亚的硬币创新在于它们代表了一种官方认可的价值标准。到了公元前6世纪,希腊和罗马文明开始铸造自己的金属货币,这些货币上通常会印有当地统治者的头像或标志性建筑,进一步提高了货币的正式性和信任度。这标志着货币作为交易媒介的普及和标准化,其特点是它们都具有一定权威国家或组织背书,这些机构确保了货币的重量和纯度,从而确保了货币的通用性和接受度。

随着经济持续发展,金属货币逐渐暴露出其局限性和缺点,如金银的产量有限、重量大、易于磨损和伪造等。此外,随着商品经济的发展和交易规模的扩大,金属货币逐渐不能满足日益增长的交易和支付需求,需要被更为先进的货币形式取代。因此,在金属货币的基础上,逐渐发展出了纸币等更为便利的货币形式。

三、从金属货币到纸币

(一)人类纸币的使用

人类最早使用纸币的记录来自中国北宋时期,大约在11世纪。北宋商业经济空前繁荣,流通领域需要大量的流通货币,金属货币跨区域流通不便,于是纸币应运而生。这种纸币最初是由商人发行的一种兑换凭证,被称为"交子",后来得到了政府的正式承认和发行。北宋政府于1023年开始官方发行纸币,这些纸币被称为"交子"或"官钞"。中国古代纸币从北宋交子、南宋会子、金朝交钞、元代中统钞、明代宝钞等,过渡到近代银行券,形成了一条独特的纸币发展历程。[①]

当纸币作为流通货币出现后,票号和钱庄的作用被凸显出来,两者通过信用中介作用推动了纸币的流通和广泛应用,为当时中国传统商品经济提供了有力的金融支持。"票号"是中国银行业的雏形之一。它们起初是从事货币兑换和转账业务的商号,后来发展出更多类似现代银行的功能,如接受存款、提供

---

① 吕章申主编:《中国古代钱币》,中国社会科学出版社2011年版,第93—205页。

贷款、进行远距离的资金转移等。票号通过发行兑换凭证（类似于现代支票）来完成资金的远距离转移，这在当时的商业活动中非常重要。与票号类似，钱庄也是中国传统金融体系中的重要组成部分，主要从事货币兑换、贷款和存款等业务。钱庄和票号在功能上有所重叠，但钱庄更多地侧重于地方性的金融活动，而票号则在全国范围内开展业务。票号和钱庄有以下共同特点：主要从事存款、贷款、汇兑和转账业务，特别擅长于远距离的资金转移，特别是在大宗交易中发挥作用，这对当时中国传统商品经济非常重要；在运营模式上很大程度依赖于广泛的商业网络和家族关系；整体上缺乏系统化和统一的法律规范和监管；主要服务对象是商人和地方官绅。到了清末，随着西方银行体系的引入，中国的传统金融机构开始向现代银行体系过渡。19世纪末20世纪初，随着西方列强的入侵和近代化思潮的影响，中国出现了更加现代化的银行机构。1897年成立的中国通商银行是较早引入西方银行业务模式的例子。1905年成立的大清银行，标志着中国官方银行体系的开端，它是中国历史上第一家具有近现代意义的中央银行。中国传统金融机构向现代银行体系的过渡，对纸币有着深远意义。这一过渡不仅为纸币的流通和使用提供了更加稳健和高效的金融环境，还推动了纸币在经济生活中的普遍接受性。

纸币在中国很早起源并得到发展，随着时间的推移，纸币随着中国传统商业和文化交流扩散到其他国家，如影响了元朝蒙古帝国征服的地区，也影响到中亚和欧洲的一些地区。但在欧洲，纸币的使用直到17世纪才逐渐兴起，其中瑞典和英国是最早发行纸币的欧洲国家。瑞典于1661年开始发行纸币，而英格兰银行于1695年成立后不久开始发行纸币。随后，纸币逐渐成为全世界广泛使用的货币形式。纸币的出现最初是为了解决金属货币重量大、携带不便的问题，特别是在大规模商业交易和税收征集中。纸币的引入大大便利了商业活动，提高了货币流通的效率，并为后来全球范围内纸币的使用奠定了基础。

（二）纸币广泛使用的历史必然性

纸币的广泛使用与商品经济的发展之间存在密切的联系。随着商品经济的发展，交易量和交易频率增加，需要更为高效和方便的货币。纸币能够满足这一需求，支持更为复杂和动态的经济活动。而纸币作为一种轻便、高效的货币形式，对于促进商品经济的扩张和深化也起到了关键作用。

相较于金属货币，纸币更加轻便易携，能够方便快捷地进行大额交易。这种便捷性大大提高了交易的效率，有利于商品交易活动的增加和市场范围的扩大。随着纸币的引入和流通，人们能够进行更广泛的地域间交易，这不仅促进了本地市场的发展，也有助于跨区域甚至国际贸易的展开，进一步扩大了市场规模。

纸币的使用降低了贮藏和运输货币的成本，使得资金的积累和流动更为高效。这对于资本积累和再投资具有重要意义，有利于商品经济的发展和资本主义生产方式的形成。

纸币的引入为银行系统和信贷活动的发展提供了基础，银行能够通过发放贷款来创造更多的货币，这在促进商品经济的同时，也使政府能够实施更为有效的货币政策，调控经济活动。

总的来说，纸币的广泛使用是商品经济发展的一种体现，是人类社会发展的必然结果。纸币的轻便性、方便性和效率对于促进商品流通、扩大市场规模、促进经济整体发展都发挥了至关重要的作用。

随着工业革命的到来，商品生产大规模增长，市场交易活动大幅扩张，对货币的需求量急剧上升。在这种情况下，传统的天然货币——金银等贵金属——由于其数量有限、提炼和加工成本高昂，无法有效满足快速增长的市场流通需求。因此，出于效率和实用的考虑，纸币成为解决这一矛盾的有效手段。以下几点阐述了纸币广泛使用的必然性和其背后的逻辑。

第一，纸币相较于金属货币更轻便、易于携带和交易，能够大大提高交易的速度和效率，这对于工业社会中日益增长的交易量至关重要。

第二，随着全球贸易的扩展，需要一种更为便捷和统一的支付方式。纸币的使用简化了跨地区和国与国之间的经济交易，促进了全球贸易和经济一体化。

第三，纸币的发行不受金、银等贵金属存量的限制，可以更灵活地根据经济的需要进行调整。政府和中央银行可以通过调控纸币的发行量来应对经济波动,实现宏观经济的稳定。

第四,纸币为现代银行系统和金融市场的发展提供了基础。信贷、投资、保险等金融活动的展开,都依赖纸币作为主要的交易媒介。

第五,随着经济的持续发展和复杂化,对货币的功能要求也在提升。纸币能够更好地适应经济发展的需要,满足日益增长和多样化的交易需求。

总之,现在的纸币是以国家法律规定作担保的一种信用货币,是货币发展历史中的一种较高级的货币形态。纸币的广泛使用不仅是对历史条件变化的适应,也是推动经济更高效、更复杂发展的必要条件。在这个过程中,货币不再单纯充当物理层面交换的媒介,而是成了经济活动中的关键要素,影响着社会的各个方面。随着社会的进一步发展,电子货币和数字货币支付方式的兴起是对纸币概念的进一步拓展,显示出货币形态随着经济社会的发展而演进的特性。

(三)纸币的普遍接受性与国家权力

纸币的普遍接受性与国家权力紧密相关。纸币的广泛使用总是与国家权力紧密相连,虽然最早出现的纸币是在民间,如中国北宋的交子,但纸币普遍接受性的基础是国家权力。国家权力与纸币的广泛使用之间有密切的关联,纸币的普及和正式货币地位的确立往往需要国家的介入和认可。

首先,纸币成为被广泛接受的交易媒介,很大程度上依赖国家赋予其法定货币的地位。国家通过法律明确规定纸币作为合法的支付手段,要求在国内所有交易中都必须接受纸币支付,这为纸币的流通和使用提供了坚实的法律保障。

其次,纸币本身不具备内在价值,它的价值建立在公众对于纸币发行国家经济稳定和持续履行其货币兑换承诺的信任上。国家权力的稳定性和政策的连续性是建立这种信任的关键。

再次,国家承担着维护货币价值和对货币市场进行监管的责任。国家通过中央银行或类似机构负责纸币的发行与回收,通过适当的货币政策调控货币供应量来实现宏观经济的调控目标，并通过行使干预权和监管权对货币市场和经济活动进行管理。同时，国家的货币政策不仅影响国内经济，也影响国际贸易和外汇市场。纸币的国际接受度受到国家经济实力和政治稳定性的影响，而这些因素与国家权力密切相关。

最后，纸币需要有复杂的防伪技术来防止伪造和欺诈。国家投入资源开发防伪技术，保证货币的安全性和稳定性。

综上所述，尽管纸币最初可能在民间产生，但其成为具有普遍接受性的支付和价值存储工具依赖于国家的权威和干预。纸币的普遍接受性与国家权力紧密相关。国家通过法律、政策和管理机制确保纸币的稳定和可靠，使其成为现代经济体系中不可或缺的一部分。

（四）纸币是金属货币的符号、凭证，是想象中的金属货币

关于纸币与金属货币之间的关系，马克思认为，纸币是金属货币的符号，纸币是想象中的金属货币。"银记号或铜记号的金属含量是由法律任意规定的。它们在流通中比金币磨损得还要快。因此，它们的铸币职能实际上与它们的重量完全无关，就是说，与价值完全无关。金的铸币存在同它的价值实体完全分离了。因此，相对地说没有价值的东西，例如纸票，就能代替金来执行铸币的职能。在金属货币记号上，这种纯粹的象征性质还在一定程度上隐藏着。但在纸币上，这种性质就暴露无遗了。"[①]在《资本论》中，马克思分析了货币的本质和功能，在讨论货币的代表性和符号性时，特别深入探讨了纸币的角色和性质。马克思认为，在金属货币体系下，金、银等贵金属虽自身具有价值，当其充当货币角色时，其内在的、实在的价值与其代表的价值实际上不是完全一致的。当货币从实体的金属货币转变为纸币时，这种情况更加明晰。纸币本身并不具备内在价值，它只是一种代表金属货币价值的符号或凭证，是想象中的金属货币。

纸币是金属货币的符号或凭证。首先，金属货币本身具有一定的价值，这

[①] 《马克思恩格斯文集》第5卷，人民出版社2009年版，第149页。

种价值通常由货币材料的内在价值决定，如金、银等贵金属。然而，随着经济的发展和交易的复杂化，携带和使用这些重量较大的金属货币变得不便。其次，纸币的引入本质上是一种创新，它并不像金属货币那样具有内在价值。纸币的价值并非来源于其物质（如纸张本身几乎无价值），而是代表了持有人对一定量金属货币的所有权。最初，纸币可以在银行或发行机构被兑换成相应价值的金属货币。因此，纸币本质上是金属货币价值的一种符号或凭证。同时，纸币的价值基础在于人们对它能够被兑换成一定量金属货币的信任。这种信任建立在发行机构的信誉以及其背后的金属货币储备保障上。随着时间的推移，当纸币被广泛接受，并且人们对将其兑换成金属货币的需求减少时，纸币本身就成了公认的交易媒介，它的价值更多依赖国家和经济体系的信用，而非金属储备。再次，在现代经济体系中，大多数国家已经放弃了金本位制，纸币并不直接与任何实物资产挂钩。然而，纸币作为货币的职能——价值尺度、流通手段、贮藏手段、支付手段——仍然得以维持，这主要依赖于公众对货币发行机构（如中央银行）以及整个经济体系的信任。因此，尽管纸币不再直接代表对应的金属货币，但它作为经济活动中信用和价值的象征仍然至关重要。

纸币是想象中的金属货币。货币首先是价值的表现形式，是商品价值的一般等价物。在金属货币体系中，如金或银等贵金属自身具有价值，它们作为货币时，其本身具有内在的、实在的价值。然而，当货币从实体的金属货币转变为纸币时，纸币本身并不具备内在价值，它只是一种代表金属货币价值的符号或凭证。在这种情况下，纸币的价值不再由其物质基础（即纸张本身）决定，而是基于它能够代表的金属货币的价值。换句话说，纸币成为金属货币价值的象征，即"想象中的金属货币"。这种"想象"不是脱离现实的幻想，而是建立在社会共识和经济体系的基础上，即大家共同认可并接受纸币可以作为交易媒介和价值尺度。虽然纸币本身并不具备内在价值，但在日常经济活动中，人们接受并使用纸币，赋予其实际的购买力，这是因为纸币背后有国家的强制力和经济体系的支持。因此，即便纸币是"想象中的金属货币"，却在现实经济中切实发挥着关键的货币功能。

（五）纸币发行与通货膨胀

在现代经济体系中，大多数国家已经放弃了金本位制，纸币并不直接与任何实物资产挂钩。但是，国家政府不能随意印发纸币，这是因为纸币的发行量需要被谨慎控制以维持货币价值、防止通货膨胀，以及确保经济稳定。纸币发行量的依据通常包括以下几个主要方面。

第一，理论上，货币供应量应与经济规模和经济增长率相匹配。如果经济在扩张，政府或中央银行可能需要增加货币供应量以满足增长的交易需求。反之，如果经济增长放缓，过多的货币供应可能会引发通货膨胀。

第二，维持物价水平的稳定是货币政策的主要目标之一。政府和中央银行通过调整货币供应量来影响通货膨胀率，确保物价稳定。过多的货币供应会降低货币价值，引发通货膨胀，而过少的货币供应可能导致通货紧缩，损害经济增长。

第三，货币政策还需考虑就业水平。政府可能通过增加货币供应量，刺激经济活动，从而增加就业机会。然而，这需要在不引发过高的通货膨胀的前提下进行。

第四，国家的外汇储备和国际支付平衡也是决定货币发行量的重要因素。货币供应量的增加可能会影响汇率，进而影响出口竞争力和进口成本，政府需要考虑这些因素以维护国际收支平衡。

第五，金融体系的稳定对货币发行量的决策至关重要。太多的货币可能导致资产泡沫，而太少则可能引起信贷紧缩，影响金融市场的正常运作。

第六，政府和中央银行需要根据本国具体情况，围绕货币发行量制定政策目标。不同国家和经济体可能有不同的货币政策目标，如一些国家可能更注重控制通货膨胀，而另一些国家则可能更关注经济增长或就业。

纸币的供应量和发行量作为货币供应量和发行量的一部分，其变动会影响到整体的货币供应量和发行量。纸币的发行和供应是一个复杂的决策过程，涉及广泛的经济因素。它需要在促进经济增长、维护价格稳定、保持就业和金融稳定等多方面目标之间寻找平衡。

四、数字化货币的主要形态

本书把货币分为传统货币和数字化货币。传统货币依赖于一定的物理形态，如金属货币、纸币。"数字化"一词起始于尼葛洛庞帝《数字化生存》，之后凯文·凯利《失控》《技术想要什么》都讨论了数字化。数字化指的是把模拟数据转换成用0和1表示的二进制码。[①]数字化货币指的是任何以0、1二进制数字形式存在和被处理的货币，也就是说几乎所有现代电子货币系统都可以被视为数字化货币的一部分。在本书中，电子货币专指电子支付过程中出现的具有类似纸币功能的，部分二进制数字格式中被处理的数字化的货币。而"数字货币"是一个专有名词，它特指完全以数字形式存在的货币，即货币和金融交易在完全的二进制数字格式中被处理，包括创建、存储、传输和接收过程。数字货币不依赖于任何物理形态，仅在计算机网络和数字存储介质中以电子数据的形式存在。这类货币的创建、传输、存储和使用完全依赖于数字技术和网络系统。本书"数字货币"专指私人加密数字货币和央行数字货币。

（一）早期数字化货币的形式

最早的数字化货币形式可能不是单一的技术或应用，而是多种技术和系统的集合，它们在不同的时间点为货币的数字化进程做出了贡献。

20世纪50年代和60年代，在个人计算机和网络技术普及之前，随着电子计算机的引入，银行和金融机构已经开始使用大型计算机来处理账户信息和交易记录。这些系统最初是大型的中央计算机，能够处理大量的数据，并用于执行复杂的金融计算并保持记录。这可以被视为一种早期的货币数字化形式，标志着传统的手工记账和纸质记录逐渐向电子数据处理的过渡。在这一过程中，货币的管理和交易开始依赖于电子系统和计算机技术，尽管它主要限于大型机构的内部操作。电子记账系统允许银行以数字形式存储、管理和查询账户余额、交易历史和客户信息。这种系统的实施极大地提高了银行操作的效率、准

[①] ［英］维克托·迈尔-舍恩伯格，［英］肯尼斯·库克耶：《与大数据同行：学习和教育的未来》，赵中建、张燕南译，华东师范大学出版社2014年版，第104页。

确性和速度，虽然物理货币并未消失，客户和银行仍然使用现金和其他物理支付手段，但货币的数值和交易记录却是以数字形式存在。这意味着货币的日常管理和交易操作大多实现了数字化处理。

传统的电子汇款系统可以追溯到20世纪70年代和80年代，随着计算机技术的发展，银行开始建立数字化的账户系统，并提供电子汇款服务。这些早期的电子汇款系统为数字化货币的发展和现代电子支付系统的兴起奠定了基础。传统的电子汇款是一种银行间的电子资金转移方式，这种方式使资金可以快速地跨越距离进行转移，而无须物理地运输现金或使用支票。在这个意义上，电子汇款代表了一种早期的数字化货币形式，它利用电子信号代替了实体货币的传输。

传统的电子汇款是一种特定的资金转移方式，通常指通过银行或其他金融机构以电子形式将资金从一个账户转移到另一个账户。电子汇款可以是国内的也可以是跨国的，在国际贸易和跨境支付中很常见。电子汇款通常需要提供接收方的银行账户信息和一些必要的身份验证，转账金额将直接从发送方的账户划出并存入接收方的账户。传统的电子汇款作为早期的电子支付概念，允许资金在银行账户之间电子化地转移，标志着金融交易从物理形式向电子形式的关键转变。

随着计算机和网络技术的发展，20世纪后半叶出现了更现代化的电子转账方式。这些方式允许个人和机构在银行账户间直接电子化地移动资金。这进一步扩展了货币的数字化，使得个人和企业可以更加便捷和高效地管理和转移资金。这些早期的多样化的数字化货币形式，使货币和银行财务数据的存储、访问和处理变得更加依赖电子技术。它们为后来个人银行业务的数字化奠定了基础，对整个金融行业的现代化产生了重要影响。

（二）银行卡

银行卡的概念起源于美国。第一张现代意义上的信用卡——Diners Club卡问世，它是由Frank McNamara创立的，最初的目的是方便商务人士在没有现金的情况下消费。1966年，美国银行推出了Bank Americard，这是第一张由银行发行的信用卡，后来这个项目发展成为现在的Visa支付系统。紧接着，其他银行也开始发行自己的信用卡。

虽然这时的银行卡本身并非全数字产品，但20世纪60年代晚期磁条的引入，让借记卡和信用卡信息能够被电子读取和处理，这是货币数字化的又一重要里程碑。磁条技术的核心在于一条磁性材料条带，这种条带可以记录数据，而这些数据可以被特定的读取设备读取和处理。一条磁性材料条带通常包括三个轨道，每个轨道可以存储不同类型的信息。例如，第一轨道以高密度存储字母和数字，通常包括持卡人的姓名等信息；第二轨道密度较低，存储银行卡号等数字信息；第三轨道则是可选的，可用于其他安全或验证信息。磁条技术使卡片能够存储更多信息，并且可以被自动读取，大幅度提高了交易处理的速度和效率。当磁条卡刷过读卡器时，磁条上的磁性粒子会影响读卡器内部的磁头，生成电信号，这些信号随后被转换为数字信息供系统处理。

1981年，第一台自动柜员机（ATM）在美国被引入，使得银行卡的持卡人可以在没有银行职员在场的情况下进行交易。20世纪90年代，为进一步提高安全性，银行卡引入了智能芯片技术。使用这种技术的卡被称为EMV卡，由Europay、MasterCard和Visa共同制定标准。芯片卡比磁条卡更难以复制，与磁条相比，芯片技术提供了更高级的安全特性，包括加密和动态数据验证。

21世纪，互联网的普及使得在线银行服务成为可能，人们开始通过互联网进行银行交易。到了今天，移动支付和接触式支付技术兴起，如近场通信（NFC）支付允许人们通过智能手机或其他移动设备进行支付，进一步方便了银行卡的使用。同时，虚拟卡和一次性卡号等技术也应运而生。

银行卡的发展历史是金融科技进步的一个缩影，从最初的纸质信用证到现在的与银行卡捆绑在一起的移动支付，每一步都反映了科技的发展和消费者需求的变化。未来，随着科技的进一步发展，银行卡可能会继续演化，以适应新的支付环境和安全需求。

银行卡的出现在货币发展史上具有重要意义，它标志着从物理货币向数字化货币转变的重要一步，反映了金融服务领域的创新和现代化。银行卡的推出和普及对经济、社会以及个人日常生活都产生了深远的影响。首先，银行卡的出现和广泛应用不仅改变了人们的支付习惯和消费模式，还促进了全球金融市场的一体化和金融服务的数字化转型，对货币发展史和整个经济体系产生了深远的影响。其次，银行卡的使用极大地推动了无现金支付方式的发展，使得个人和企业的交易更加便捷。这不仅提高了支付效率，还增强或提高了交易的安全性和透明度。再次，银行卡让更多人可以更加便利地接入银行服务，无论是存款、提款还是跨境支付，都变得更加简单和快捷。这推动了金融服务的普惠化，降低了服务门槛。同时，银行卡交易提供了大量的数据，有助于银行、企业甚至政府更好地理解和分析经济活动。这些数据还可以被用于改善金融产品以及防范和打击金融犯罪。最后，银行卡是电子商务发展的关键驱动力之一。它使得在线购物、电子货币在线支付成为可能，极大地促进了电子商务的繁荣和发展。银行卡的发展促使金融机构不断创新，开发更加安全、便捷的支付技术，如芯片卡、接触式和非接触式支付技术。这些创新不断推动金融服务领域与信息技术的融合，促进了整个金融行业的现代化。

（三）三种主要的数字化货币

数字化货币广义上来说有很多种，本书主要阐释三种主要的数字化货币，即电子货币、私人加密数字货币、央行数字货币。其他形式的数字化货币由于非本书研究对象，不做详细阐释。

"电子货币"特指通常由政府、私人或企业发行的，以电子账户的形式存在于电子支付系统中的数字化货币，本书强调其以二进制数字形式存储和处理，存在于电子支付系统之中。它不像传统的纸币和硬币那样具有物理形态，而是以数字化的方式存在于电子设备或网络中，但它的使用价值往往与现实中的法定纸币挂钩。电子货币可以用于各种交易场景，包括在线购物、转账、线下扫码支付等。电子货币通常通过加密技术和安全协议来保护用户的财务信息和交易安全。它们可以以多种形式存在，包括银行和支付平台的电子账户余额、支付应用中的预付款、电子钱包等。电子货币的使用使得货币交易更加方便、高效，并且促进了数字化经济的发展。

关于"虚拟货币"的概念这里引用欧洲中央银行于2012年10月发布的《虚拟货币体系报告》:"虚拟货币是一种未加监管的数字货币,由其开发者发行并控制,被某一特定虚拟社区成员接受并使用。"我们可以通过法定货币购买虚拟货币,也可通过看广告、做任务来获得平台的虚拟货币。如今在中国,手机游戏里往往都嵌入了开发者发行并控制的游戏币,这就是典型的虚拟货币。由于我们可以通过法定货币购买虚拟货币,因此虚拟货币是与法定货币相对的概念。虚拟货币通常分为两种主要类型:电子货币和数字货币,本书区分电子货币和数字货币主要依据其数字化的技术形式的差异。数字货币包括私人加密数字货币和央行数字货币。

本书所特指的"私人加密数字货币"通常被人们直接称为"加密数字货币"。本书借用了一部分虚拟货币的定义界定"私人"一词作为"加密数字货币"的前缀,为了和央行发行的代表国家主权的"央行数字货币"进行概念上相对清晰的区分。"私人"特指无法被有效监管,由非国家主体的开发者发行并控制,被特定虚拟社区成员接受并使用。因此,"私人加密数字货币"是一种无法被有效监管的,由非国家主体的开发者发行并控制的,依托于区块链或其他专有的数字技术,被特定虚拟社区成员接受并使用的不依赖于任何物理形态,在完全的二进制数字格式中处理(包括创建、存储、传输和接收过程)的数字形式存在的货币。比特币是最著名的私人加密数字货币的例子,它不依赖于任何中央发行机构,而是通过去中心化的网络共识机制产生和验证。

国家中央银行发行的数字货币是"中央银行数字货币",简称为"央行数字货币",本书也称其为"主权数字货币",强调其是国家以主权信用做背书,一般由中央银行发行和管理的数字货币。它的价值由政府信誉支持,并在国家范围内可以作为法定支付手段。央行数字货币是一种国家货币的数字版本,通常被视为法定数字货币的一种形式。但央行数字货币并不一定是各国唯一的法定数字货币。并非所有国家都已开展央行数字货币的研究、试验、发行或试行工作。在一些国家,除了央行数字货币,可能还存在其他形式的法定数字货币。但在发行国家,央行数字货币通常被认为是一种法定数字货币。一些国家和地区的中央银行已经发行、试行、试验央行数字货币,例如巴哈马的沙元(Sand Dollar)、中国的数字人民币、瑞典的数字克朗(e-krona)等。随着数字化支付的逐渐普及,央行数字货币也被视为全球金融体系的未来发展趋势之一。

五、货币形态变迁的规律

(一)生产力水平的发展决定货币形态的变化

生产力水平的提高推动了货币形态的变化。随着生产力的提高和经济结构的变化,货币的形式、功能及其在经济中的作用也会发生变化,这一过程体现了技术进步对货币制度演变的深远影响,展现了生产力与货币形态之间的相互作用和依存关系。

在人类社会发展历程中,多种货币形态经历了显著的发展和转变。从最初的物物交换到实物货币、金属货币,再到纸币、电子货币和数字货币,每一种货币形态的出现和演变都伴随着生产力水平的提升和社会生产关系的变化。

早期的人类社会由于生产力水平相对较低,物物交换是其基本的交易形式。随着生产力的发展,这种交换方式因效率低下而逐渐被实物货币制度所取代。在实物货币阶段,人们主要使用在当时被视为具有一定的价值,可以用于购买商品的物品(如贝壳、石头、兽骨等)作为交换媒介。随着生产力和工艺水平的提高,金属逐渐成为更适合作为货币的材料。在金属货币阶段,金属货币的出现极大地促进了商品经济的发展,使得贸易和交换变得更加便捷。最早的金属货币是铜币,随后出现了金、银等贵金属货币。当金属货币(如金银币)因其产量有限、重量大携带不便、易于磨损等问题不再适应经济发展时,人们发明了纸币。在纸币阶段,随着生产力的进一步提高和商业的繁荣,纸币较金属货币制作成本相对更低、更便于携带、适应大规模的商业交易使用,且可以代表固定的金属价值,纸币逐渐成为主流的货币形式。20世纪末开始,电子信息技术和互联网技术的快速发展,电子货币逐渐兴起。电子货币具有高效、便捷、安全等特点,使得货币流通更加快速和高效。到如今,随着区块链等数字技术的兴起,货币形态由电子货币逐渐向数字货币转变,私人加密数字货币的出现促进了央行数字货币的发展和创新,这预示着货币可能进入一个全新的货币形态。

通过人类货币发展史,我们可以看出生产力水平的发展是推动货币形态变化的重要因素之一。随着生产力的提高,社会分工越来越细,商品交换的频率不断提高,规模持续扩大,这就要求货币形态能够适应不断变化的商业需求和社会环境,提供更高效率的交易方式。从物物交换到实物货币、实物货币到纸币、纸币到电子货币、电子货币到数字货币,货币的形态逐渐发生演变,每一次货币形态的变革都极大地提高了交易效率。纸币和电子货币的出现,不仅是因为它们提供了更高效的交易方式,更重要的是它们建立了一种信用体系。这种信用体系使货币不再仅仅依赖于其本身的物质价值,而是依赖于发行者的信用。这种信用体系的建立,需要生产力发展到一定程度以及社会有足够多的剩余产品来支撑。数字货币的出现不再依赖发行者的信用,而是通过去中心化的网络共识机制或智能合约等数字技术构建新的价值体系,这是技术促进了生产力提高,从而推动了货币形态的新变化。

（二）货币形态随着经济发展变化需求而变化

作为经济结构的核心要素,货币在社会经济中发挥着至关重要的作用。随着经济的发展和变化,为了适应不同的经济需求和交易环境,货币形态也相应地发生了显著的变化。

经济的发展使交易活动变得更加频繁和复杂,这就要求货币形态能够适应快速、高效、低成本的交易需求。从实物货币到金属货币,再到纸币、电子货币、数字货币,每一次货币形态的变革都极大地提高了交易效率,降低了交易成本。21世纪初,数字经济的发展,要求货币形态能够适应线上交易、电子商务、数字服务等新兴领域对交易速度、效率和成本的高要求,于是电子货币、数字货币随之产生。

随着商品经济的繁荣和市场的扩大,货币需要更容易携带和转移。金属货币比实物货币更便携,而纸币、电子货币、数字货币则进一步增强了货币的便携性和流动性。随着全球化进程的加速,国际贸易和投资活动规模不断扩大,这要求货币形态能够适应跨国交易的需求,提供方便、快捷、便携的国际支付手段。为了便于国际贸易和投资,多币种支付系统和数字化支付平台等快速发展,逐渐支持电子货币、私人加密数字货币、央行数字货币的移动支付。

经济活动的增加要求货币形态能够提供更高的安全性,减少欺诈和伪造的风险。同时,消费者对货币安全性的需求日益增长,促使货币形态向更加便捷且安全的方向发展。纸币由国家投入资源开发防伪技术,保证货币的安全性;电子货币通过先进的密码学技术、加密算法和安全协议等手段,增强交易的安全性;数字货币通过区块链、智能合约等数字技术保障数据的安全性,以确保交易安全。

此外,在不同的经济周期阶段,政府和中央银行需要调整货币政策以应对经济波动,这同样会影响货币形态的发展。例如,在金融危机时期,为了增强流动性,可能会采取量化宽松等政策,这在某种程度上也会影响货币的形态和功能。

总之,货币形态作为经济结构的核心要素,随着经济发展需求变化而变化。从实物货币到数字货币,货币形态的每一次变革都是为了适应经济发展的需求。随着技术的不断进步和经济全球化的深入发展,货币形态将继续变化和创新,以适应未来经济社会的需要和挑战。理解这一点对于把握经济趋势、参与经济活动甚至制定经济政策都具有重要的意义。

(三)政府对统一货币的形态具有重要作用

政府在确立和维护统一货币的形态中发挥着至关重要的作用。政府通过统一货币形态,促进经济和金融的稳定。统一的货币形态可以降低交易成本,提高市场效率,便于商品和服务的流通。同时,统一的货币形态也有助于防范金融风险,避免因为货币形态混乱而引发的市场动荡和不确定性。

政府的背书为货币提供了信任和信誉,确保了货币价值的相对稳定。市场参与者需要相信政府会维持货币价值的稳定,并且在未来接受该货币作为交换媒介。政府的稳定性和政策的连续性对于维护这种信任至关重要。

政府通过立法赋予特定货币在国内的法定地位,尤其是法定支付地位,确保该货币在国内所有经济活动中都被强制接受。这些法律和制度规定了货币的发行、流通、使用等方面的规则，确保了货币在市场上的合法性和统一性。例如，国家通过法律规定了货币的法定地位，规定了货币的计量单位、面值等，使货币成为市场上公认的交易媒介。这种法定地位不仅为货币的广泛使用提供了基础，而且也是维护国家经济稳定的重要机制。

政府通过制定和实施货币政策、金融监管政策来维护货币统一和金融系统的稳定。政府（通常通过其中央银行）拥有国家法定货币的发行权，这种权力使政府能够控制货币供应量，从而影响经济活动中的通货膨胀率、利率、就业等关键指标。中央银行作为国家的货币当局，在货币形态的统一中扮演着核心角色。中央银行负责发行和管理国家的法定货币，通过利率调控、储备要求和开市操作等手段来影响经济活动，维护货币的价值稳定，以及通过监管机构来确保银行和其他金融机构的稳健运行。在金融危机或经济衰退期间，政府通过货币政策与财政政策的紧密配合，可以有效应对金融危机和经济危机。这包括采取措施稳定货币价值、提供流动性支持以及刺激经济增长等。可以说中央银行的政策和操作对货币市场有着深远的影响，能够引导市场预期，促进货币形态的统一和稳定。

在国际层面，政府通过参与国际合作和协调、促进国际贸易来推动货币形态的统一。例如，政府可以与其他国家签署货币互换协议、建立货币合作基金等，以稳定国际金融市场，促进国际贸易和投资。政府还可以推动区域货币合作，以实现区域内货币的统一和便利化。此外，货币的可兑换性是国家融入全球经济体系、吸引外资和促进出口的关键。政府可以通过维持货币的稳定和可兑换性，促进国际贸易和吸引外国直接投资。

总之，政府确保了统一货币形态的有效运行，维护了经济和金融稳定，并促进了经济进一步发展。这种作用在全球化和数字经济日益发展的今天显得尤为重要。

（四）不同货币形态背后的共同本质

不同货币形态背后的共同本质是价值和价值量的统一。无论货币形态如何变化，其最基本的职能始终是价值尺度、流通手段、贮藏手段、支付手段和世界货币。这些职能都源于货币所代表的价值和价值量。

价值是货币的核心属性，它体现为货币所能交换的商品或服务的数量和质量。无论是实物货币、金属货币、纸币、电子货币，还是数字货币，都能够代表一定的价值，使人们可以通过交换货币来获取所需的商品或服务。

价值量则是衡量货币价值大小的尺度。不同形态的货币可能有不同的价值量，这取决于它们所代表的商品或服务的稀缺性、有用性以及社会认可度等因素。例如，金属货币的价值量通常与其重量和成色有关，纸币和电子货币的价值量则取决于发行者的信用和货币政策的调控，数字货币的价值量取决于技术生态、虚拟社区规则以及共识所形成的信用程度。

统一货币形态的过程实际上就是在不同的历史和经济条件下寻找一种能够最好地代表价值和价值量的货币形式。从实物货币到金属货币，再到纸币、电子货币、数字货币，每一次货币形态的变革都是为了更好地适应经济发展的需要，提高交易效率，降低交易成本，并确保货币价值的稳定。每种形态货币的价值和价值量的统一都反映了货币共同本质特征的四个基本职能，即价值尺度、流通手段、贮藏手段、支付手段。

第一，价值尺度。货币提供了衡量和比较商品及服务价值的统一标准。它允许不同商品和服务之间的价值进行量化和比较，从而简化了交易和价值计算。

第二，流通手段。货币作为交换媒介消除了物物交换中的双重巧合需求，极大地提高了交易的效率。它使买卖双方可以更方便地实现价值交换和资源分配。

第三，贮藏手段。货币允许价值在时间上转移，为未来的消费或投资提供了便利。理想的货币贮藏形式应具有长期保值的特性，虽然实际中由于通货膨胀等因素，各种货币形态保值能力各异。

第四，支付手段。马克思在《资本论》中指出，支付手段是货币在商品交换过程中，用于清偿债务、支付赋税、租金、利息、工资等职能时的表现形式。这一职能体现了货币作为价值尺度和流通手段的延伸,用于解决商品生产和流通过程中因时间或空间差异产生的延迟支付问题和钱货分离的情况。在现代经济中,货币的支付手段不仅继承了马克思所说的支付手段的职能,还在其基础上发展和延伸了支付手段的内涵,支付手段更多样化。现代货币的支付手段既在延期支付和钱货分离的情况下实现,又在即时支付、线上与线下支付、跨境支付、代扣代缴、离线支付以及智能合约支付等多种形式下实现资金转移。

虽然不同货币形态在具体表现形式、实现技术和应用环境上有所不同,但它们都承担着上述基本职能,反映了价值和价值量的统一。这种统一性是所有货币形态共通的本质特征,也是货币能够在经济中发挥作用的根本原因。在这里,本书没有把世界货币纳入基本职能。其原因在于,在国际贸易和金融交易中,某些货币(如美元、欧元、人民币)承担起了世界货币的角色,作为国际结算和储备的主要手段。但大多数货币并不具有这一职能,因此它不是所有货币形态共通的本质特征。

随着经济和技术的发展,货币的具体形态可能会发生变化,但其作为价值和价值量统一体现的本质是不变的。

第四章

数字技术与数字化货币

数字技术是利用数字信号进行信息编码、处理、存储和传输的技术。与模拟技术相比，数字技术以其高度的准确性和易于复制的特性而著称。数字技术广泛应用于计算机科学、通信、数据存储和处理等多个领域。以下是一些主要的数字技术类型：计算机技术、通信技术、数字媒体技术、网络技术、大数据技术、人工智能技术等。这些技术类型相互关联，共同推动了现代社会的数字化转型与数字化货币的发展。

一、互联网技术之前的货币数字化阶段

（一）计算机技术与货币数字化兴起

人类最早将计算机技术应用于银行和货币管理领域可以追溯到20世纪中叶。在计算机技术的推动下，货币开始逐渐数字化，为人类从传统货币形态向现代货币形态的转换带来了巨大的变革。

具体来说，在20世纪中叶，商业银行开始利用计算机技术实现快速的存储、借贷、支取和转账汇款等业务。这使用户能够更加方便地管理自己的资金，同时也减少了市场上现金的流通量，扩大了存款的规模。这一时期，可以看作计算机技术在银行货币领域应用的起点。以下是这一历史进程中的一些关键节点。

20世纪40年代末至50年代初，计算机技术在这一时期开始萌芽，尽管最初的计算机被设计用于科学计算和军事领域，但它们很快就显示出在处理大量金融数据方面的潜力。

20世纪50年代，随着计算机技术的发展，银行业开始探索使用计算机进行账户管理和其他金融交易。例如，1953年，美国银行和通用电气合作开发了电子记录会计机（Electronic Recording Machine Accounting, ERMA），一个用于自动处理支票的计算机系统。

20世纪60年代，计算机技术在银行业的应用进一步扩展，银行开始使用

计算机处理更多种类的交易和管理任务。主要业务包括会计记账、报表编制、支票处理、储蓄业务以及部分信贷业务。具体来说，会计记账和报表编制是银行日常运营中必不可少的环节，计算机化的处理方式使这些数据更加规范、易于管理和分析。在支票处理方面，计算机技术的应用实现了支票的自动清算和验证，大大加快了资金的流转速度。在储蓄业务中，计算机被用来管理客户账户，计算利息，以及处理存取款等交易。在信贷业务领域，计算机协助银行评估客户信用等级，管理贷款发放和还款等流程。这些业务的计算机化极大地提高了银行的工作效率和准确性，降低了操作错误风险，标志着银行业务数字化迈出了重要一步。

20世纪70年代，全球多个银行系统开始引入计算机网络，实现了更高效的数据处理和交易处理，同时，银行业务开始实现自动化，例如自动转账和在线账户管理。

20世纪80年代，中国开始逐步开展金融电子化，银行业开始引进外国技术和设备，同时借鉴外资银行的计算机技术和管理经验。20世纪90年代，中国的金融电子化迅速发展。银行系统开始广泛采用计算机技术，建设和推广自动柜员机网络，开展电子转账和电子结算系统。例如，1993年，中国银行推出了自己的银行卡，并开始建设自动柜员机网络。

相比较而言，西方发达国家在金融电子化方面的发展要早于中国20~30年。美国和欧洲的银行从20世纪60年代末到70年代就开始利用计算机技术处理金融事务，而中国直到20世纪80年代末到90年代初才开始较为广泛地采用这些技术。

然而，进入21世纪后，中国在某些金融科技领域的发展非常迅速，尤其是在移动支付和电子商务方面。在一些领域，中国不仅迎头赶上，甚至弯道超车领先世界。例如，中国的移动支付用户基数和交易量已经达到了惊人的规模，移动支付服务已经成为中国人民日常生活的重要组成部分，移动支付技术世界领先。

（二）货币数字化初期阶段货币使用的主要形式

货币数字化初期阶段,货币使用的主要形式可能不是单一的技术或应用,而是多种技术和系统的集合,它们在不同的时间点为货币的数字化进程做出了贡献。

1.银行卡与自动柜员机服务

在互联网普及之前,银行卡已经开始在广大用户中流行,尤其是借记卡和信用卡。银行卡的使用是一个重要的里程碑。它的出现使人们可以通过自动柜员机进行存取款操作,也可以在商店或餐厅等场所通过POS机（销售点终端）进行快速支付。这些方式相比携带大量现金无疑更加安全和方便。自动柜员机的出现大大提高了银行服务的便捷性,使用户不再完全依赖银行营业时间办理业务。自动柜员机通过计算机网络与银行主机系统相连,客户可以在机器上进行存取款、转账、查询等操作,实现了24小时不间断的银行服务。

2.点对点的电子转账

电子汇款是传统的金融服务,由银行提供,是一种点对点的电子转账。它涉及通过银行系统进行的资金转移,通常需要提供接收方的银行账号信息。资金转移是在银行的中心化系统中进行处理的。传统电汇通常需要较长的时间才能完成,因为资金转移需要经过银行的清算和确认流程。

银行卡转账是一种通过银行卡进行的资金转移方式。用户可以使用银行卡信息,如账号、银行名称,向他人或其他银行账户进行转账。银行卡转账的资金转移通常是在银行的中心化系统中进行处理的,因此转账速度和费用可能与传统电汇相似,具体取决于银行的政策和系统。

虽然不如互联网时代资金转移便捷,但在互联网普及之前,银行内部或跨银行的电子转账已经开始被采用,特别是大额交易和企业间的转账。银行间的电子转账系统也在这个阶段得到了发展。这些系统允许银行之间通过电子的方式快速转移资金,从而加快了转账汇款的速度。虽然这些转账操作通常需要银行职员手动处理,相比后来的在线转账系统效率较低,但它们仍然比传统的纸质转账方式更加快捷。

需要注意的是，以上这些点对点的电子转账在当时只有在发达国家和部分较先进的地区才能使用，而且使用范围也相对有限。但不论怎样，数字化货币的便利性在互联网技术普及之前就已经开始显现。虽然当时没有现今互联网支付的即时性和便捷性，但随着互联网技术的普及，这些早期的技术与服务为后来货币的数字化进程奠定了坚实的基础。

（三）早期数字化货币的本质

在金融领域，银行卡与自动柜员机服务、"电子汇款"和银行卡的转账等意味着使用电子技术提高了交易效率，实现了跨地域的资金转移，它们在货币数字化的历史中占有重要地位，是货币数字化初期阶段货币使用的主要形式。

传统电汇、银行卡、自动柜员机上的资金是以数字形式显示的，我们可以看到包括个人和企业在银行或其他金融机构的账户余额，这些余额用数字表示，并可以进行电子转账和支付。虽然这些余额在物理上不直接存在，但它们代表着可以随时被用于支付和转账的货币价值，这种货币本身可能有物理形态，但在许多交易和处理过程中以数字形式存在。尽管这里的资金是"数字化"的，但是它们实际上代表的是储户存储在银行账户中的法定货币，这些法定货币依然可以提取为纸币和硬币的实体形式。例如，用户通过自动柜员机查询账户余额时，所显示的数字代表其银行账户中的法定货币，该数字化显示的余额背后对应着实际货币价值。尽管这些资金可以在没有任何物理交换的情况下被转移，但它们本质上仍然代表着法定货币。

从广义上讲，银行卡上的资金和纸币的面额都是以数字表示的，都是数字货币。但在金融科技领域，"数字货币"一词特指的是那些存在于完全数字化形态，具有特定数字技术支撑和独特运作机制的货币系统。这些特点使数字货币与传统的物理货币和简单的电子形式表示的货币有本质区别。银行卡与电子汇款等早期数字化货币形式是简单的电子形式表示的货币，它们并不是现代概念意义上的"数字货币"。

二、互联网技术下数字化的电子货币

（一）互联网发展简史

因特网的出现与冷战时期的军工联合集团有密切的关系，它的前身是允许独立计算机共享资源的阿帕网（ARPANET）。阿帕网在1969年由美国国防高级研究计划署（DARPA）启动，连接了加州大学洛杉矶分校和斯坦福研究院等几所大学。阿帕网的初衷是将不同的计算机连接起来，实现数据交换和分布式计算与通信，主要用于学术和军事目的。这标志着互联网雏形的诞生。

到20世纪70年代，美国发明了传输控制协议（TCP）与网际协议（IP）的指令组合，使卫星、移动无线线路和地面缆线发挥作用，将越来越多的军事网络连接在一起。之后因特网从军事领域扩展到高校领域，再到民用局域网。TCP与IP的引入和普及意味着不同的网络开始互联互通，形成了真正意义上的互联网。

20世纪80年代，电子邮件开始普及，成为互联网上最早被广泛使用的应用之一。20世纪90年代初期，随着万维网（World Wide Web，简称WWW）的发明和浏览器的出现，互联网开始进入普通家庭和商业领域。20世纪90年代中后期，随着电子商务和在线服务的兴起，互联网开始影响经济和社会的各个方面。到了20世纪末，主要发达国家实现了互联网的商业化服务。进入21世纪第一个十年后，互联网新技术爆炸性涌现，数字技术的突破创造了巨大的生产力。宽带互联网的普及、移动互联网的兴起和社交网络的爆炸性增长共同推动了互联网的进一步发展。电信运营商积极改造技术和设备，推动计算机信息传输，逐渐实现了网络的多功能化。但全球电信分布不平等、网络与网络服务不均衡现象仍然明显。

如果说互联网改变了信息基础设施，那么移动互联网则改变了资源配置方式，成为科技和通信领域的新里程碑。随着数字化技术的应用，智能手机和移动网络技术的普及使人们可以随时随地接入互联网，这极大地改变了人们的生活方式和社会形态。社交媒体、在线支付、电子商务等应用的兴起，进一步推动了互联网的大众化和商业化。银行业、金融业、制造业以及经济活动的各个领域为了获得竞争优势，把网络纳入生产、流通等生产活动的各个环节。如今，各行各业的企业在商品生产、配送和销售等环节中，一个或多个环节都围绕网络系统开展数字化应用。从搜索引擎、互联网+、海量数据催生云计算，到大数据、物联网等技术的出现和发展，技术的进步使计算机的计算能力大幅提高，使互联网更加智能和多元化。数字化让我们的生活向智能化方向发展，人类的发展迈入数字时代。

如果没有互联网，我们今天所知的数字化货币很难产生。数字化货币的存在和运作依赖于互联网的广泛连通性和信息技术。人们通过在线平台、交易所和数字钱包与数字化货币互动，这些服务都需要互联网来运作。互联网使人们可以轻松买卖数字化货币，不受地理限制。数字化货币市场也依赖互联网来提供全球范围内的访问、交易和流动。此外，互联网作为一个开放和公共的网络，还需要为数字化货币交易和钱包提供一种安全且高效的方式来传输和存储加密信息，以保证用户的隐私性和安全性。

（二）电子货币的两个发展阶段

互联网技术的出现极大地促进了电子货币的发展和普及。这些电子货币以数字形式存在，通过计算机网络进行传输和交易，具有高效、便捷、安全等特点。电子货币的出现为人们的交易和交往带来了前所未有的便捷性。

1. 在线银行和数字支付（1980—2000年）

20世纪80年代，随着个人计算机的普及和互联网的兴起，银行开始提供在线银行服务，允许客户通过网络进行转账、支付账单和查询账户等操作。这一时期，电子货币和电子货币支付的概念也开始出现。

20世纪90年代，随着互联网的进一步普及，在线银行业务开始兴起。客户可以通过互联网访问自己的银行账户，进行转账、支付账单等操作。同时，电子支付平台如PayPal的出现，进一步推动了电子货币的普及。

2. 移动支付和电子钱包（2000—2020年）

自21世纪以来，智能手机的普及为货币数字化开启了新的篇章。移动支付应用利用近场通信（NFC）、二维码（QR码）等进行便捷支付，使消费者可以使用手机进行线上和线下支付，如Apple Pay、Google Wallet（后来的Google Pay）、支付宝、微信支付等。电子钱包属于移动应用支付的一种。电子钱包应用程序通常被安装在移动设备上，电子钱包允许用户将银行卡信息数字化存储，并通过手机等电子设备进行支付。这种方式在提升支付效率的同时，也加强了支付安全。移动支付和电子钱包都是货币数字化的现代形式，这些支付方式极大地推动了移动电子商务的发展。

（三）支撑电子货币运转的主要技术体系

支撑电子货币运转的现代技术主要包括电子计算机技术和通信技术。电子货币是以金融电子化网络为基础，通过计算机网络系统以电子信息传递形式实现流通和支付功能的货币。它依赖商用电子化工具和各类交易卡，并以电子数据（二进制数据）的形式存储在银行的计算机系统中。支撑电子货币运转的技术体系主要包括：

1. 电子支付系统

电子支付系统是支持电子货币交易的核心技术，包括银行系统的电子转账服务、在线支付平台（如PayPal、支付宝、微信支付）、借记卡与信用卡支付系统等。电子支付系统，是一种基于账户的支付系统，在结算的过程中，结算卡只是后台账户的符号代表。电子支付系统的优点在于不需要增加额外的基础设施，也不需要维护庞大的数据库，易用性和可扩展性好。电子支付系统的缺点是不能离线支付，且服务提供商是单一的，有排他性的规范；且每笔支付是可追踪的，用户消费习惯可被服务提供商监控，有隐私信息泄露和滥用的风险。电子现金（electronic cash）是基于智能卡技术实现对现金货币的电子化或虚拟化模拟，在受理环境较为完善的情况下，能够在小额支付和脱机交易领域实现对现金的替代。电子现金在根本上还是以银行为中心的货币系统。

2. 安全协议

安全协议是为了确保交易的安全性。电子支付系统依赖于各种加密和安全协议，如安全套接层（SSL）、传输层安全性（TLS）、用于验证交易双方身份的数字签名和证书等。

3. 认证机制

认证机制是为了验证用户身份并防止欺诈。电子货币系统采用了多种认证机制，包括两因素认证、生物识别技术、短信验证码、邮件验证码等。

4. 清算和结算系统

银行和金融机构使用高级的清算和结算系统来处理交易，确保资金从买方正确转移到卖方。这些系统高度自动化，能够处理大量的交易并确保资金流动的准确性和及时性。

5. 数据库技术

电子货币系统需要存储大量的交易数据、用户信息和账户余额等信息。使用高效、安全的数据库技术是管理这些信息的关键。

6. 网络通信技术

电子货币的转账和支付依赖于稳定而安全的网络通信技术，以确保信息的即时传递和防止数据被截获或篡改。

7. 移动支付技术

随着智能手机的普及，移动支付成为电子货币交易的重要形式。相关技术包括近场通信、二维码支付等，这些移动支付技术使电子货币支付过程更加便捷。

电子支付系统、安全协议、认证机制、清算和结算系统、数据库技术、网络通信技术、移动支付技术等共同构成了电子货币技术系统的基础，保证了电子货币支付运作的高效性、安全性和便捷性。随着技术的进步，电子货币的处理速度和安全性会持续提升。

（四）电子货币运行的主要形式

传统的支付交易是与实体物质相关的面面交易，现代电子货币的支付交易是借虚拟媒介进行的交易。电子货币运行的主要形式是通过电子货币支付进行交易和转移。电子支付从传统上来说是银行电子支付系统，现代意义上的电子支付指的是开放的电子货币的网络支付系统，即支付的主体通过数字化的支付手段，通过网络媒介向交易的另一方进行货币支付或资金流转的过程。如今的电子货币的支付是非常有效率、方便、快捷的。

　　电子货币的支付有很多分类方式。本书根据支付方式的不同，把电子货币的支付分为电话支付、网上支付、移动支付。

　　电话支付是指用户通过电话完成支付，包括电话银行支付、交互式语音应答（interactive voice response）支付等。电话支付是一种简单、便利的支付方式，特别适用于那些没有接入互联网或不太信任在线支付的人。电话支付是一种电子货币支付在线下环境完成的支付方式，用户可以拨打固定电话、手机或其他类似的终端设备完成付款。通过电话等终端设备用户可以直接与银行系统或企业运营商连接，从个人账户里完成付款。

　　电话银行支付是一种通过电话完成银行业务的支付方式，用户可以通过拨打银行提供的电话号码，使用自动语音导航系统或与客服人员进行交流，按照提示要求步骤完成支付。交互式语音应答支付是指用户拨打商家提供的电话号码，然后通过自动语音导航系统完成支付。交互式语音应答支付在特定的小额支付和电话订购场景中得到了广泛应用，然而在使用时，消费者需注意确认商家的信誉，以保障自己的资金安全。电话银行支付与交互式语音应答支付都是通过拨打电话进行的支付方式，它通常利用电话网络，通过自动语音导航系统让用户通过提示与按键操作实现与银行的连接并完成支付。

　　网上支付是指用户通过互联网完成支付，包括银行卡支付、网银支付、第三方支付等。银行卡支付就是消费者通过将银行卡提供给商家，授权商家向银行卡发卡机构发起支付请求以完成交易。网银支付是指银行通过互联网提供在线服务，客户可以在任何时间和地点登录网络银行进行转账、支付、查看账户信息、办理贷款等操作。网络银行大大提升了银行业务的可及性和便捷性。第三方支付是指具备一定实力和信誉保障的独立机构，通过与网联对接而促使交易双方进行交易的网络支付模式。第三方支付就是用户可以使用像PayPal、支付宝和微信支付这样的在线支付平台进行在线购物、转账、支付账单等，平台保障用户在互联网上进行安全的支付和金融交易。第三方支付的出现极大地推动了电子商务的发展。

移动支付特指用户通过移动设备完成支付，包括近场通信支付、扫码支付、移动应用支付、点对点网络借款（peer-to-peer, P2P）转账等。随着智能移动设备的普及，移动支付成了电子货币支付应用的重要领域，并且移动支付技术已成为支付领域的一大创新。

近场通信支付是指消费者在购买商品或服务时，采用近场通信技术通过手机等手持设备在短距离内实现电子设备之间的数据传输完成支付。这一过程需要在现场进行，无须使用移动网络，需要使具有近场通信功能的手机或智能终端贴近商户的POS收款机或自动售货机等具有近场通信读取功能的设备，两者通过近场通信射频通道建立通信连接后，支付金额、交易信息等数据从手机或智能终端传输到商户的读取设备中，商户的读取设备确认支付金额和交易信息后，交易便得以完成。在近场通信支付的数据传输过程中，为确保支付的安全性和可靠性，会有加密和解密等安全措施。

扫码支付是一种通过使用移动设备上的扫码功能扫描商家提供的二维码，然后在支付应用程序中完成支付的过程。在扫码支付的过程中，商家或服务提供商生成一个包含支付信息的二维码，消费者使用移动设备上的扫码软件，扫描商家提供的二维码，然后在支付应用程序中确认支付信息，完成交易。

移动应用支付是指用户通过手机等移动设备上的应用程序（App），进行线上购物、线下扫码支付等各种支付活动。移动应用支付提供了极大的便捷性。电子钱包属于移动应用支付的一种。电子钱包应用程序通常被安装在移动设备上，电子钱包允许用户将银行卡信息数字化存储，并通过移动设备进行支付。

P2P转账是指个人之间可以通过网络进行点对点的转账，如使用Venmo、Zelle等服务。虽然P2P转账也可以在网上进行，但它更常见的形式是通过移动设备进行，例如智能手机或平板电脑。P2P转账通常被归类为移动支付的一种形式。用户通常会使用特定的移动应用程序或银行应用程序来进行P2P转账，通过输入接收者的手机号码、电子邮件地址或账户信息来转移资金。这些服务简化了个人间的金融交易，使转账即时完成，而不再需要通过银行间的传统转账流程。

移动支付与数字化货币的融合将引发支付领域革命性的变革。其主要意义在于只要有移动通信设备，就可以消除地域限制与时间限制，享受及时的定制化和多功能的支付以及身份认证服务。但移动支付也面临着许多问题：第一，移动支付应用的安全性受到很大的挑战；第二，在交易过程中参与者的身份认证和设备的身份认证必须得到有效的解决；第三，支付过程中商家和用户的信息容易被泄露和非法滥用，隐私性不能得到很好的保障。

另外，数字化发票和收据不属于支付方式，而是支付后的记录和确认。它们通常与任何一种支付方式都可以结合使用，无论是电话支付、网上支付，还是移动支付。互联网不仅改变了支付方式，还改变了交易后的记录方式。在数字时代，电子发票和电子收据的使用已逐步普及，方便了人们查看记录和管理账目。

总之，电子货币的使用借助互联网技术支持的多元化和数字化的电子支付方式，使金融服务变得更加快捷、便利，并且能够满足现代社会对金融交易效率和安全性的高要求。随着技术的不断进步，电子货币的形式和应用在不断演化，将为人们的生活和经济活动带来深远的影响。

（五）互联网技术对电子货币普及的重要作用

互联网技术为电子货币提供了广泛的应用场景。通过互联网，人们可以随时随地进行电子货币的转账、支付和结算等操作，无须受时间和地点的限制。这使得电子货币在电商、金融、交通、旅游等领域得到了广泛应用，大大方便了人们的生活和工作。

互联网技术提高了电子货币的交易效率。传统的货币交易需要经过银行、支付机构等中介进行，而电子货币可以实现点对点的直接交易，大幅缩短交易时间，显著提升交易效率。此外，通过智能化的交易系统，电子货币还可以实现自动撮合交易、实时清算等功能，进一步提升了交易效率。

互联网技术加强了电子货币的安全性。通过先进的密码学技术、加密算法和安全协议等手段，电子货币可以实现高强度的安全保障，确保交易过程中的资金安全和信息安全。此外，通过互联网技术的实时监控和风险管理机制，还可以及时发现和防范各种安全风险和欺诈行为。

需要指出的是，互联网技术下的电子货币也面临着一些挑战和风险。例如，网络安全问题、隐私保护问题、法律监管问题等都需要得到充分的关注和解决。因此，在推动电子货币发展的同时，也需要加强相关技术的研发和创新，不断完善电子货币的安全保障机制和法律监管体系。

总之，互联网技术为电子货币的发展和普及提供了强大的支持和动力。随着技术的不断进步和应用场景的不断拓展，电子货币将会在未来发挥更加重要的作用，为人们的生活和工作带来更多的便利和效益。

（六）电子货币的本质

纸币的数字化是将传统的纸质货币转换为电子形式，从而使其能够在传统电子支付系统中进行交易，它的资金转移过程依赖传统银行体系。现代意义上的电子货币支付通常不涉及货币的发行，不一定需要双方都有银行账户，而是将现有的货币以电子形式进行传输和交易。电子支付系统通常指的是特定类型的数字化支付系统，强调通过电子手段进行支付的系统。电子货币支付可以通过手机应用、网站等电子渠道进行，通常使用手机号码、邮箱或用户名等标识进行支付。资金转移通常更快速，并且提供了更多的支付选择和更强的便利性。电子支付系统指的是任何使用电子方式完成的支付和资金转移方式，强调使用电子设备进行支付交易的特性，例如通过互联网、移动电话、POS终端等进行支付交易，包括网上银行、移动支付应用，或者其他在线支付平台转移资金。

早期数字化货币和电子货币支付中都涉及电子渠道和资金的转移，但早期数字化货币更侧重于银行体系中的资金转移。而现代电子支付中的电子货币支付则更强调利用电子支付系统进行的便捷、快速的资金转移服务。电子货币支付的资金转移过程是通过电子渠道进行处理的，而不是完全依赖传统的银行体系。

电子货币支付中的电子货币特指通常由商业银行或其他金融机构发行的，并以电子账户的形式存在于银行系统中的数字化货币。电子货币这种数字化货币通常存储在银行账户、预付卡、电子钱包中。手机和其他电子计算机设备可以作为访问和管理这些资金的工具，但它们并不直接存储货币的实际价值，而是提供访问存储在服务器上的账户和资金的接口。电子货币可以被用于各种交易，包括在线购物、线下消费、转账等。这种电子货币可以通过银行账户、电子钱包、移动支付应用程序等方式进行管理和交易，资金转移是通过电子渠道进行的。

电子货币的概念在某种程度上与数字货币相似，特别是它们不像传统的纸币和硬币那样具有物理形态，而是以数字化的货币形式存在于电子设备或网络中。当我们说一个人拥有数字化货币（电子货币和数字货币）时，通常意味着他们可以通过手机、平板电脑、个人计算机或其他电子设备来访问和管理他们的数字资产，但这些计算机设备并不构成数字化货币的物理实体。换句话说，这些设备是与数字化货币进行互动的工具，但是数字化货币本身的价值和数据结构仍完全是数字化的，计算机设备只是作为数字化货币介质的存在，而非物质载体。我们可以把手机等电子计算机设备视为数字化货币的"访问接口"或"交互界面"，它们是访问和管理数字化货币的工具，而不是数字化货币的物质载体或数字化货币本身。

尽管电子货币和数字货币都以电子形式存在，但它们在管理、发行机制、运作机制、安全性、恢复性以及与传统金融系统的关联方面有明显的不同。数字货币是一种新型货币形态。数字货币指代如比特币这样的私人加密数字货币，或是由中央银行发行的中央银行数字货币。数字货币以完全数字形式存在，通常运用区块链技术或其他独特的数字技术，具有不同于传统银行系统运营模式的特性。

更重要的是，在电子支付过程中使用的电子货币，其实质是对应着传统的法定货币，如美元、欧元或人民币，只不过这些货币在交易中以数字形式或其他象征符号的形式出现。因此，在支付宝、微信支付、Apple Pay、Google Pay、Samsung Pay或PayPal等平台上进行的支付通常也是电子货币支付，涉及的资金通常还是各自国家的法定货币。所有在这些平台上的转账和支付操作虽然是电子化的，但这些操作的对象大多数情况下仍然是对应着传统的法定货币，而不是独立于法定货币体系之外的货币。

电子货币更多的是现有货币系统的数字化扩展，而不是基于全新技术框架的货币系统。电子支付系统中主要使用的电子货币看似具有多样化的形态，但其实质是具有传统法定货币支付功能的数字形式，可以将这些电子货币的本质视为"数字化的法定货币"，尽管它本身并不一定是法定货币。因此，电子货币可以被视为纸币的数字化表示，或者说是纸币价值的多样化的"符号"表现。也正是因为电子货币实质是"数字化的法定货币"，电子货币支付是受相关金融监管机构监管的，从而保证了它的稳定性和可靠性。相比之下，大多数数字货币目前还没有被普遍接受为法定货币，而且它们的监管状况因国家而异。

三、区块链技术与比特币

（一）中本聪的《比特币白皮书》

从加密货币的研究历程来看，数字货币源于David Chaum提出的一种可匿名的、无法追踪的电子现金系统E-Cash[①]，其建立的"银行—个人—商家"三方模式是基于数字编码方案设计的数字货币系统。但由于其采用非记名的运作模式，若存储介质出现故障且未进行备份，电子现金就会丢失且无法找回；同时监管机构对非法交易无法进行有效的监查。此外，E-Cash由单一银行发行并记录，随着用户规模的扩大，单一银行的数据库必然难以承载庞大的数据量，因此E-Cash系统在市场上没有被广泛地应用。David Chaum等研究者更多的是研究数字化技术本身，但货币作为一般等价物，其核心在于公众认同前提下的

[①] David Chaum, *Blind Signatures for Untraceable Payments*, Advances in Cryptology, Springer US, 1983, pp.199-203.

货币背后的价值支撑。

  2007年3月，肯尼亚运营商Safaricom正式推出M-PESA（一种虚拟的电子货币）业务，从提供基础的存取款功能、手机充值服务到逐渐推出超市业务、国际汇款、支付业务。其业务办理只需要手机和身份证，它使用STK（Sim Tool Kit，用户识别卡应用开发工具包）技术，门槛低且能保证较高的安全性，代理商网络庞大且高效，最后实现了M-PESA业务的快速推广。M-PESA业务的价值在于率先实现了用户间的虚拟货币转账和取现，使电子虚拟货币具备了现实货币的支付和流通功能。当然它的缺点在于系统完全依赖于手机移动通信网络，系统的单一性和依赖性不适于其他平台的应用推广。

  2008年9月15日，华尔街雷曼兄弟公司倒闭，信用危机蔓延加剧全球性金融危机，说明失败发生在金融体系的中心地带。在这一事件之后不久，中本聪（Satoshi Nakamoto）的《比特币白皮书》发布了，这是比特币最原始的发布。[①] 中本聪在2008年11月1日发布了《比特币白皮书》，英文原名是"Bitcoin: A Peer-to-Peer Electronic Cash System"，直译为"比特币：一个点对点的电子现金系统"。1982年，拜占庭将军问题首先由计算机科学家莱斯利·兰伯特（Leslie Lamport）、罗伯特·肖斯塔（Robert Shostak）和马休·佩斯（Marshall Pease）提出，其核心是如何让不相干的团体在不被信任的通信网络上建立信任。中本聪用比特币协议给拜占庭将军问题提供了一种解决方案，给每位互联网用户提供了一种安全传输信息的方法，还确保了信息是合法的。比特币通过加密信息、提高解密信息的成本、提供验证解密信息是否合法以及对忠诚将军进行激励等方式来解决拜占庭将军问题。[②]

  比特币的发展路径与自由市场竞争以及其独有的比特币文化息息相关。它的社区文化是开源、自由、无国界的互联网文化的缩影。比特币是某种新型货币的先驱，它是一种智能货币，是一种货币流通的新类型，为支付系统注入了

[①] http://www.bitcoin.org/bitcoin.pdf.
[②] ［美］布莱恩·凯利：《数字货币时代：区块链技术的应用与未来》，廖翔译，中国人民大学出版社2017年版，第62页。

不一样的活力，它被深深打上了社交网络的烙印。

《比特币白皮书》详细阐述了比特币的技术框架和运作原理，标志着比特币概念的正式提出。这是一篇开创性的论文，它首次详细描述了比特币的概念和区块链技术。这篇论文提出了一种去中心化的数字货币系统，使得电子现金可以直接从一方传送至另一方，而无须通过任何金融机构。以下是这篇论文的主要内容，包括12个部分。

（1）引言。传统的在线支付系统需要依赖可信任的第三方机构来处理电子货币支付，这种依赖限制了最基本的交易类型，并且因为可撤销性的交易导致了信任成本的增加。

（2）交易。论文描述了一个电子货币系统，其中一方可以直接向另一方支付，不需要经过任何第三方金融机构。这种系统通过数字签名的形式提供了一种安全的所有权证明。

（3）时间戳服务器。论文介绍了时间戳服务器的概念，它通过将时间戳加入区块链中来证明数据在某一时间点是存在的。这个机制帮助网络达成一致，保证了比特币网络中数据的不可篡改性。

（4）工作量证明（Proof of Work）。为了解决双花（双重花费）问题和达成网络共识，比特币网络采用了一种被称为工作量证明的机制。矿工需要解决一个复杂的数学问题，成功解决后可以生成一个新的区块，并获得比特币作为奖励。

（5）网络。论文描述了比特币网络的工作流程，包括交易的广播、网络节点的验证过程以及区块链的更新方式。

（6）激励。论文解释了比特币系统中的激励机制，包括通过创建新的比特币以及收集交易费用来奖励那些维护网络安全的矿工。

（7）交易数据储存空间。论文解释了交易数据的储存问题，文中指出，2008年出售的电脑典型的配置是2GB内存，根据摩尔定律预测，每年增加1.2G，即使区块头全部放在内存里，存储也不是个问题。

（8）简化支付验证。即使不运行全网络节点，验证支付也是可能的。如果诚实节点掌控网络，支付验证结果具有可靠性；如果网络被攻击者操控，则验证效力将显著弱化。

（9）组合和分割价值。为实现价值的分割和组合，正常交易通常会将单个来自过往交易的大额输入或多个小额输入进行组合，并产生最多两个输出：一个用来支付，一个用来找零。

（10）隐私。通过保持公钥匿名性保护隐私。在比特币系统中，交易双方的公钥是匿名的，这使得交易可以保持匿名和安全。虽然交易记录是公开的，但交易者的身份信息是隐匿的，这为用户提供了更高程度的隐私保护。

（11）计算。论文提出了一种基于工作量证明的共识机制。在这种机制下，网络中的节点（即矿工）需要通过计算难题来争夺区块链上的权利，成功解决问题的矿工有权将新的区块添加到区块链上，并获得一定数量的比特币作为奖励。

（12）结论。创建一个点对点的网络，这个网络使用工作量证明记录一个公共的交易历史，只要诚实节点控制大部分CPU算力，网络就是安全的。没有中心化的管理机构，而是由参与网络的节点共同维护和管理，这种网络的去中心化和简单构架使其具备较高的稳健性。任何需要的规则和激励都可以在这种共识机制下进行。

总而言之，中本聪的这篇论文为创建一个去中心化的电子货币系统提供了一个全新的框架，这个系统不依赖于任何中心化的信任实体，能够安全、匿名、有效地处理电子交易。比特币及其底层技术区块链因此成了金融科技领域的一个重要里程碑。

（二）Bitcoin和Electronic Cash

《比特币白皮书》的英文原名是 *Bitcoin: A Peer-to-Peer Electronic Cash System*，这个原名涉及三个核心概念：Bitcoin，Peer-to-Peer，Electronic Cash。其中Bitcoin和Electronic Cash这两个概念涉及比特币的货币属性问题；而Peer-to-Peer涉及去中心化的区块链技术问题。我们讨论两个问题：为什么中本聪为这种货币起名"Bitcoin"？为什么中本聪叫这种货币为电子现金，而不叫电子货币？

比特币的英文名是"Bitcoin"。"比特"这个词是"Bit"的音译，而"Bit"在计算机科学中通常表示数据的最小单位，是"binary digit"的缩写，即二进制数字。因此，"比特"一般直接意译为"数字"，但它更具体地指的是二进制中的数位，即"0"和"1"。在二进制序列中，当"1"和"0"的出现概率相等且前后码元独立时，每个二进制码元的信息量被定义为1比特。至于"币"则对应英文中的"coin"一词，通常用于各种货币。

从文本角度来说比特币的英文单词是"Bitcoin"，它首字母大写且是单数形式，其他时候是小写和复数形式"bitcoins"。这是因为比特币不仅代表一种货币，还代表了一种技术。一般用Bitcoin代表技术，用bitcoins代表货币。"比特币不仅仅是一种货币，也不仅仅是数字黄金，它还是一种综合了众包和加密技术以及经济学的颠覆性力量，这种技术具备快速、安全并且无摩擦地传输任何事物的能力。"[1]为什么中本聪给这种货币起名为"比特币"或"Bitcoin"，其背后的逻辑在于这种货币的基础技术——区块链技术，利用加密技术存储交易数据，确保其不可篡改和匿名性。"Bitcoin"结合了"bit"意味着"表示数字信息的基本单位"和代表货币的"coin"结合，直译为"数字币"，从而传达了这是一种基于数字技术的新型货币。中本聪选择这个名字，其名字中的"比特"强调了它的数字本质和基于二进制技术的特性，而"币"则表明了它的货币属性。这种命名方式既直观地描述了比特币的技术基础，也传达了中本聪希望这种货币能够在全球自由流动、不受政府监管和控制的愿景。同时这也是为了强调比特币作为一种全新的数字货币，其创新之处在于其数字化和去中心化的特性。

（三）区块链技术

1. 区块链或数据区块链

数字货币与区块链技术的关系非常密切，因为数字货币，特别是私人加密

---

[1] [美]布莱恩·凯利：《数字货币时代：区块链技术的应用与未来》，廖翔译，中国人民大学出版社2017年版，第42页。

数字货币，是基于区块链技术构建的。数字货币的产生，如比特币，其创造和运作基础是区块链技术，这是一种分布式账本技术（DLT），通过加密手段确保交易的安全和透明。区块链技术的出现和成熟是数字货币产生的关键技术基础，而不是大数据技术。

在过去的300多年，主要金融体系都是构建于中心化的财政权威之上的。区块链技术最初的目的是在2008年全球金融危机后寻求一种没有第三方存在的可以解决支付问题的全球账簿，它的出现为人们摆脱中央银行和政府机构提供了一种可能，因此深受自由主义者的欢迎。区块链本身解决的是信任问题，基本上所有信息都被记录在区块链上，交易所信息中介的角色会被弱化。

"区块链"这个术语直观地描述了这项技术的核心特征：它是由一系列"区块"（Block）构成的"链"（Chain）。每个区块包含一定数量的交易数据、前一个区块的哈希值（数字指纹）、时间戳等信息，这些都是确保区块链安全、不可篡改的关键要素。每个区块通过加密方式与前一个区块连接起来，形成一条链。这个命名方式直接反映了其数据结构的特点，而且这种结构是这项技术的关键创新。

区块链实质上是由数据区块组成的链。在区块链技术中，每个"区块"包含一系列交易数据以及一些关键的元数据，比如前一个区块的哈希值。当一个新的区块被创建并验证后，它就会被加入这个链中，链接到前一个区块，形成一种链式结构。

每个区块大致包含以下数据：第一，区块头包含了一些重要的信息，如前一个区块的哈希值（确保链的连贯性和安全性）、时间戳（记录区块创建的时间）、版本号（协议的版本）、Merkle树的根哈希（一种数据结构，用于有效地汇总和验证区块内所有交易的完整性）和难度目标（挖矿的难度级别）。第二，区块体包含了实际的交易数据。在比特币区块链中，每个区块可能包含成千上万笔交易。

通过这样的结构，区块链不仅能存储数据，还能保障数据的不可篡改性和历史的连续性。一旦数据被记录到某个区块上并被加入区块链中，就几乎不可能更改或删除它,除非能够重新计算该区块及其后所有区块的哈希值,这在计算上是不可行的,因为需要巨大的计算力。

因此,区块链可以被视为一种特殊形式的"数据区块链",它通过特定的方式链接数据,保证了数据的安全和完整性。

以比特币为例,比特币的核心就是全球账本即资产负债表,也就是区块链。区块链如一个公开的会计账本,它记录了每一笔比特币的交易,这个账本的每一页就是每一个区块。从比特币被矿工挖出的那一刻,它的每次转移都被记录下来,并保存在一个"区块"的文档中,这个"区块"包含了先前交易的文档。把所有的"区块"链接在一起就形成了我们现在所说的"区块链"。人们常说比特币通过工作量证明算法使其仿制难度极高,这是通过区块链和挖矿技术相结合做到的。区块链记录每笔交易,矿工则确认和传输交易。随着交易数量的增加,区块链技术使人们难以对之前的交易进行修改。矿工负责确认每一笔将要流通的比特币的合法主人。挖掘比特币是通过强大计算机的算力求复杂数学方程(哈希函数)的过程,验证过程平均保持在10分钟左右。方程的解如同一把"钥匙"用于校验所有历史交易——若求得的"钥匙"与之前的交易记录不匹配,则比特币无效;若匹配,矿工会确认交易,同时将这笔交易记录在区块中。这里的"钥匙"指的是私钥,是安全系统的关键组成部分,它是一个被加密签名保护的秘密数据块,它能证明私钥的主人是其真正的主人,其有权使用比特币。交易成功后第一个解出数学方程式的矿工通过比特币在线钱包获得比特币新币和交易手续费作为回报。区块链和矿工的相互作用由其系统本身的机制维持,实现了整个系统的自续运转。挖矿的功能在于发行货币、维系支付功能、通过算力保障系统安全,其缺陷在于消耗CPU时间与电力,浪费了资源;算力集中形成"矿池",一旦算力超过51%,就有极大信用道德风险。除了数据本身,比特币软件是一个开源的软件,可以被任何人检验,任何人都可以另起炉灶,开发出更好的版本,从而得到更好的用户体验,也使系统有更强的生命力。但由于技术的进步,早期比特币使用的加密技术可能变得不再安全,早期的"未花费过易支出"的余额(即UTXO)有可能被盗取。

本质上，比特币、以太币（Ethereum）等私人加密数字货币是一种在区块链上发行和流通的加密虚拟货币。因为首次代币发行（Initial Coin Offering, ICO）即初始数字货币发行实际上可被解读为初始加密代币发行来融资获取"或有"的收益，只有项目成功了，才有收益。回溯第一笔"未花费过交易支出"（Unspent Transaction Output, UTXO），在这里它扮演的是，经社区一致同意后，对未来价值索取权的体现。UTXO的产生就决定了加密代币的属性价值。第一种是基于矿工挖矿的工作量证明使UTXO创建，这样的创币交易实质是没有交易输出的，这是矿工在付出大量必要劳动时间和生产资料（算力成本）而得到了对未来价值索取权。第二种是通过ICO获得加密权益。但由于操作过程中委托代理匿名性、技术不足等原因导致的信息不对称极易使发起人产生道德风险，如诈骗、非法集资等，极大地增加了不确定性和投资风险。第三种是以某项资产如货币、证券、实物等作为抵押品，在区块链构建初始UTXO。因此可将私人加密数字货币界定为支付工具、权益凭证和数字资产。

比特币的区块链和区块链技术不是等同的，比特币的区块链是基于比特币体系构建的，区块链技术应该有更多的形态、更多用途和多种技术整合，其本质是一个去中心化的保证系统高信用度的分布式数据库。

如今"区块链"这个术语已经在全球范围内被广泛接受和使用，成为描述这种分布式账本技术的标准术语。它不仅被用于技术领域，也被广泛应用于金融、供应链管理、医疗等多个行业，成为一个跨领域的关键词。

2. 区块链技术的关键特点

区块链技术是一种创新的数据管理技术，最初是作为比特币这种私人加密数字货币的底层技术而被开发出来的。现在，它已经扩展到许多其他领域，提供去中心化、安全和透明的数据管理方式。

第一，区块链具有去中心化的特点。区块链技术的一个核心特点是去中心化。它允许数据在网络中的多个点进行存储，而不是集中存储在单一位置。这种分布式账本由网络上的多个节点共同维护。

私人加密数字货币建立在去中心化的区块链技术上，使其价值和存在不依赖于任何中央银行或传统金融体系的认可。它使如比特币这一私人加密数字货币具有独立的价值体系。其价值不是由传统货币（如纸币或金属货币）的价值派生而来，而是基于市场供需关系、挖矿成本、使用的普及度，以及参与者的共识等因素形成的，不需要任何物理资产支撑。不同于传统的金属货币或纸币由中央银行发行和控制，私人加密数字货币的生成和交易不依赖中央机构，而是通过区块链上分布式的网络节点来验证和记录。此外，如以太坊等私人加密数字货币具有编程性。其支持智能合约和其他高级功能，这赋予了它们超出传统货币功能的附加价值，如创建去中心化应用等。

区块链技术去中心化不仅体现在去中心机构，还体现在企业组织形式的变化——从严格的层级制度向更扁平化、自治化的组织形式转变，这也是经济活动组织形式的可能变革。现有的"加密经济学"通过技术和合理的设计，实现一些共识机制，创造了一个开放自由的平台，让任何人都可参与进来对账本信息进行验证、确认和达成共识。区块链技术扩大了互联网信息传递的空间，消除了信息传递的物理极限，并且扩大了潜在参与者的范围，大大降低了人力成本，可实现分布式协同合作。随着移动互联网的普及和大众化，这种数字技术也满足了大众对消息即时性、便利性、效率性传递的要求。由于本书主要研究货币，对此不再展开叙述。

第二，区块链具有不可篡改性。一旦数据（即"区块"）被添加到区块链上，就几乎不可能更改或删除。每个区块都包含一定数量的交易，并通过加密散列函数链接到前一个区块，形成一个连续的链。这种结构使得修改历史数据变得极其困难，因为这需要同时修改链中后续所有区块的数据。

第三，区块链具有透明性。在公共区块链中，所有交易记录都是公开的，任何人都可以查看。这提供了前所未有的透明度，对于提高企业和政府机构的诚信度具有潜在价值。

第四，区块链具有安全性。区块链使用各种加密技术来保证数据的安全性。例如，它使用私钥和公钥来确保交易的安全进行。同时区块链技术可以降低单点故障的风险。区块链是一种去中心化的分布式数据库，数据存储在许多不同的节点上，而不是集中存储在单一的中心化服务器上。这种去中心化的结构使得区块链网络更加抗攻击和韧性更强，因为即使某些节点发生故障或被攻击，网络仍然可以继续运行。

第五，区块链技术逐渐发展到了以智能合约为主的全球计算机阶段。"智能合约是一套以数字形式定义的承诺，承诺控制着数字资产并包含了合约参与者约定的权利和义务，由计算机系统自动执行。"[1]智能合约的特点在于：自动化判断触发条件，自主执行下一阶段事务；执行成本比传统合约低；合约是一种事前预防执行模式；合约惩罚在于具有数字化属性的抵押资产，违约者资产将遭到损失；适用于全球范围，不受传统因国别和人文因素差异影响执行的限制；执行过程不可逆，无法更改出现的错误。

虽然与区块链技术有关的金融监管政策、交易并发处理能力、数据安全方面还有待完善，但其在供应链金融、有价证券交易、数据资产保全和个人与企业征信等方面有巨大的潜在价值。它可以用于创建并储存任何有数字签名的物理资产（智能财产）的所有权，并转移这些使用智能合约的财产。智能合约是可以被设计用来自动执行、记录、控制符合特定法律要求的行为或交易的计算机程序。智能合约在满足预设条件时自动执行合约条款，减少了对第三方的需求，降低了交易成本。

3. 区块链技术的应用领域

如果说区块链1.0是以比特币为代表，主要目的是解决货币和支付领域的去中心化问题，那么区块链2.0的目标则是将去中心化应用于整个金融市场中适合的部分，并推动金融变革。区块链技术的去中心化功能可以用于创建、确认、转移各种不同类型的资产与合约。"几乎所有类型的金融交易都可以被改造成在区块链上使用，包括股票、私募股权、众筹、债券和其他的金融衍生品如期货、期权等。"[2]区块链3.0已不局限在经济领域，在国家、医疗、科技、文学艺术等领域有进一步创新性应用。

---

[1] 长铗、韩锋等：《区块链：从数字货币到信用社会》，中信出版社2016年版，第118页。
[2] 长铗、韩锋等：《区块链：从数字货币到信用社会》，中信出版社2016年版，第121页。

在金融服务方面，区块链技术最初被用于私人加密数字货币交易。区块链技术应用在货币方面可以创造一个安全、不需要密码的互联网，如比特币和以太币的交易，但现在它也被用于支付、跨境转账、资产管理等。使用区块链技术可以简化和加速跨境支付过程，降低成本，提高效率。例如，Ripple网络的主要私人加密数字货币是瑞波币（XRP），它可以作为桥梁货币来进行不同货币之间的转换和交易，是一个开放式的支付协议和交易网络，旨在实现全球支付的实时、便捷和低成本。该网络的核心是基于分布式账本技术的区块链系统，它允许各种货币和资产之间的即时转账和清算，是一个利用区块链技术来优化国际汇款流程的系统。通过区块链技术，可以实现证券的即时清算和结算，减少交易时间和成本。澳大利亚证券交易所（ASX）正在开发一个区块链新系统，被命名为"ASX CHESS Replacement"（可译为"澳大利亚证券交易所清算结算系统替代项目"）。这个项目旨在利用区块链技术来取代澳大利亚证券交易所现有的基于中央登记制度的清算和结算系统。通过采用区块链技术，澳大利亚证券交易所希望提高交易效率、降低成本，并为交易提供更高的透明度和安全性。

在供应链管理方面，区块链可以提高供应链的透明度，通过确保数据的一致性和可追溯性来减少欺诈和错误。区块链可以记录每一件商品从生产到交付的每一个环节，增强供应链的透明度，进而提升消费者的信任度。在奢侈品、药品等行业，区块链可用于确保产品或药品的真实性，追踪其生产、分销直至最终销售的全过程，防止假冒伪劣产品流入市场。

在医疗保健领域，区块链可以用来安全地存储患者的医疗记录，并确保只有被授权的人员才能访问这些信息。通过区块链技术，可以创建一个安全、不可篡改的患者健康记录系统，各个被授权的医疗服务者可以实时访问和更新病历。

区块链技术可以用于创建一个透明、不可篡改的房地产登记簿，简化产权转移过程，包括合同的签署、资金的转移等，使交易更加高效和透明，降低欺诈风险。区块链技术可以用来创建一个透明且不可篡改的投票系统，确保选举的公正性。区块链还可以提供一种更加安全和去中心化的方式来管理数字身份，增强用户控制个人数据的能力。在未来，区块链甚至可以解决跨国认证问题。我们从出生、成长、结婚到死亡，以及个人相关履历、财产证明和经济行为都以政府背书才予以承认，但这些认证在跨国场景下往往难以适用，区块链技术为这一问题提供了新的解决方案。

同时，部分犯罪行为可能因区块链技术的应用而得到有效遏制。区块链相关技术下的线上支付取代实体银行卡刷卡技术，将使伪造、冒用信用卡或票据诈骗不复存在。通过区块链技术建立针对企业和个人的信息监管数据库或其他信息库，能够有效增强交易主体所提交信息的真实性，防止因为信息不对称引起的诈骗或其他犯罪。区块链在金融领域的应用，将会大大提高犯罪成本，从而减少洗钱等经济犯罪。

由此可见，区块链技术为数字货币提供了一种去中心化、不可篡改、安全、透明的运行机制，而私人加密数字货币则成了区块链技术最成功的应用之一。随着区块链技术的不断发展，它的潜在应用范围会愈加广泛，可能会对各行各业产生深远影响，我们可能会看到区块链技术在金融领域和其他领域的更多创新应用。区块链技术作为一种新兴的技术手段正在逐渐改变人们的生活和工作方式，并且有望在未来成为数字经济时代的重要基础设施之一。

4. 私人加密数字货币与区块链技术面临的挑战

2017年9月1日，因为人类在人性上不同利益追求带来的分歧，比特币现金（BCH）区块链在比特币区块478559与主链的分离，拉开了比特币硬分叉的序幕。由于分叉事件通常伴随着社区内部的意见分歧，硬分叉对比特币的市场和生态系统产生了影响。硬分叉一方面会增加市场的不确定性，引发比特币价格波动；另一方面可能导致比特币生态系统的分裂，加剧市场竞争。由此可见，尽管比特币作为区块链技术的早期应用，已经取得了巨大成功，但是以比特币为代表的由区块链作为底层技术逻辑的私人加密数字货币，仍然可能在未来的发展过程中面临诸多风险与挑战。

私人加密数字货币是完全虚拟的，没有实物货币或有形资产背书，其交换价值源于群体自发形成的共识，但它存在一些难以克服的缺点。

第一，私人加密数字货币受加密货币的技术制约，不能普适化。对于一般用户来说，购买、持有和交易私人加密数字货币通常并不需要太高的技术门槛，然而，如果用户希望更深入地参与私人加密数字货币领域，那么就需要具备更多的技术知识和技能。以比特币为例，首先，设置比特币钱包的过程不是简单易上手的；其次，对普通人来说，得到比特币的手段也不多，获得比特币的过程对大多数人来说是神秘难解的，操作上是有门槛的；最后，尽管理论上任何人都可以加入区块链网络，但实际参与挖矿、验证交易或比特币治理决策时，往往需要特定的技术知识、计算资源或经济投入。

第二，不同类型的区块链共识机制存在不可避免的缺陷，会对网络性能、安全性、去中心化程度等产生影响。以比特币为例，比特币使用工作量证明机制保护账本安全造成了大量的资源浪费，且此种模式需要等待支付，无法快捷支付。

第三，在区块链网络中，虽然每个节点都在维护网络的秩序，但真正参与决策过程的可能只是那些有足够资源和知识的参与者。这可能导致权力在实践中向某些具有较多资源的参与者集中，从而影响数字货币系统的民主性。

第四，由于私人加密数字货币没有实物货币或有形资产背书，其价格形成源于市场博弈和群体预期，它通过人为制造稀缺的方式，缺乏法律的强制性，导致其适合投资，但价格剧烈波动，无法承担价值尺度的货币职能。

第五，由于私人加密数字货币具有一定匿名性，使得它对非法交易缺乏一定的有效监管，易滋生犯罪。

第六，由于是新兴事物，私人加密数字货币交易中心的资产链条存在很多问题：市场操纵使个体利益受损；各交易平台追求私利，管理混乱；私权和公权的不平衡，公信力缺失；市场透明度低，监管上的空白或缺位又提高了投资者的利益受损风险。

以上综合原因决定了私人加密数字货币价值的不稳定，这是它不能被大众广泛接受的核心问题。目前，大部分国家并没有认可以比特币为代表的私人加密数字货币是法定数字货币,但有一些国家通过立法承认了其支付功能。如2017年4月1日,日本承认私人数字货币的合法支付性。美国、加拿大、新加坡、英国、德国都支持了私人数字货币的支付功能,并把它逐渐纳入监管和税收范围。之后所产生的以太币、达世币(Dash)、门罗币(Monero)等都是此类比特币模式的进一步发展,这里不一一赘述。

总之,私人加密数字货币的实际应用仍然面临技术、经济和社会层面的重重挑战。在私人加密数字货币出现之初,全球监管部门一直持观望态度,这是因为从技术创新来看,私人加密数字货币底层的区块链技术具有颠覆性力量和极大的创新意义。并且在其发展初期,私人加密数字货币交易规模小,无法对金融稳定构成威胁。但如今私人加密数字货币交易发展迅速,覆盖到世界范围,对金融稳定已构成了一定风险。以区块链技术为基础的私人加密数字货币想要快速发展并得到大众广泛接受,既要保障创造较大的经济效益,又要符合各个国家监管的要求,一方面需要与传统已建造的基础设施结合实现资源的再利用,另一方面需要面对传统相关利益机构的阻碍。想要解决这些问题是需要花费一定的时间、人力和物力成本的。由此可见,私人加密数字货币想要成为一种真正的货币还需要走很长的路。

随着用户和数据的不断增长,为了能够有效地保持性能和效率,区块链也面临着可扩展性、法律与监管不确定性,以及技术和社会基础设施的变革性问题。

从区块链技术本身来看,区块链系统无法进行集中式关闭与升级,导致安全漏洞修复困难;智能合约上存在漏洞,容易被黑客攻击,可能导致数字货币资产损失,或存在被盗风险。从区块链生态系统的角度来看,由于数字货币处于初始发展阶段,它缺乏政府完善的一整套法律法规和条例约束,也缺乏企业治理那样的具有内部章程和完善的合同,它也没有由文化和社会习惯形成的价值规范。当链上社区遇到重大决策问题时,用何种机制达成共识、解决问题成了一个重要难题。因此,需要继续探索新技术,设计去中心化的决策机制,以此推动技术改进,解决区块链发展中的问题。

（四）比特币与电子货币的比较

比特币是一种具有代表性的私人加密数字货币，它作为一种电子现金，与传统的电子货币存在本质区别。比特币的一个核心特点是去中心化，而传统的电子货币本质上是中心化的。

比特币的发行不依赖任何中央机构，而是通过挖矿过程按照预定的速率逐渐释放到网络中，并且它不依赖任何中央权威或中介机构来处理或确认交易。所有交易都在用户之间直接发生，通过网络达成共识并被记录在区块链上，这类似于人们使用现金直接进行面对面交易。这种交易方式不仅降低了交易的成本，还提升了交易的灵活性和自由度。虽然比特币的所有交易记录都是公开的，但它们是通过地址进行的，这些地址不直接与用户的身份信息关联。比特币使用了公钥密码学等先进的加密技术来确保交易的安全性和隐私性。这使得比特币的交易过程具有极高的安全性和可信度。

中本聪在《比特币白皮书》中使用"electronic cash"（电子现金）这个词是为了强调比特币系统的这种去中心化特性和匿名性，即用户可以直接、匿名地进行交易，不需要通过金融机构。比特币的设计目的之一就是模拟现金的这种直接交易特性，而无须依赖任何中介机构，这也是它被称为"电子现金"的原因。因此，电子现金这个术语在某些情况下被用来描述类似于现金的电子货币支付形式，即用户可以像使用现金那样进行点对点的交易，而不需要第三方的介入。

电子货币通常由中央银行或其他金融机构发行和控制，一般包括银行系统中的数字表示的货币、数字钱包中的货币，以及像支付宝或PayPal这样的支付平台上的数字表示的货币等。电子货币系统中的交易必须通过中介机构（如银行或电子支付平台）执行，中介机构的电子转账服务系统依赖于中心化的组织来验证和处理交易、维护账本和确保交易安全。并且，这些中介机构可能会收取一定的手续费或限制交易的金额和频率等，从而影响用户的交易体验。此外，电子支付系统中，用户的交易往往与他们的身份信息直接相关联，因为这些系统需要遵守各种法律和金融监管规定，如反洗钱（Anti-Money Laundering，

AML）和了解你的客户（Know Your Customer）等，这导致交易双方的身份信息对这些中心化的中介机构来说是透明的。

由此可见，是否与银行或中心化机构关联，是比特币与电子货币之间一个关键的区分点。

（五）比特币产生的背景和意义

1. 比特币的产生与2008年全球金融危机

比特币的出现标志着数字货币的诞生。中本聪发布《比特币白皮书》的时间，与2008年的全球金融危机几乎同步，这个时间点很可能不是巧合。虽然无法直接证明两者之间的因果关系，但可以说，《比特币白皮书》的发布在某种程度上是对当时金融危机的一种回应或解决方案的提出。

如今所有现代中央银行几乎都是按照英格兰银行的模式运转的。中心化系统具有中心辐射结构，关键角色占据中心位置，对周边有很大的影响力，并具有指挥地位，一旦中心瘫痪，周边会随之瘫痪。"传统货币的根本问题在于其运行机制所需的那些信任。必须信任中央银行不会让货币贬值，但是法定货币的历史充满了对这种信任的破坏。必须信任银行，让它们保管我们的钱并用电子方式进行转账，但是它们一次次在信贷泡沫中放贷，只保留很小一部分准备金。我们必须把隐私托付给它们，信任它们不会让身份盗贼吸干我们的账户。"[①]奥地利经济学派质疑"中央银行"存在的一大理由就是现实中，在经济平稳时期，中央银行的信用中介功能还能稳定实施，但在金融危机或经济萧条时期，中央银行的信用中介功能很有可能会受到质疑和动摇；且法定货币发行中存在通货膨胀和利益再分配倾向。某些具有意识形态要求的人，是不认可靠政府绩效决定货币价值并对其担保的，他们要求所谓更大的"自由"，对于这些人来说把信任依托于一个不稳定的政府或机构是愚蠢的。

由于中心化系统的弊端，人们开始探索分布式系统。分布式系统中，每一个成员都是一个中心，他们都有确保系统顺畅运行的责任，一旦其中一个节点

---

① ［美］菲尔·尚帕涅编著：《区块链启示录：中本聪文集》，陈斌、胡繁译，机械工业出版社2018年版，第94页。

失败，那么其他节点会收拾残局，确保任务顺畅运行。这里的中心是指现代意义上的银行，当然，若分布式系统设计不合理，各个中心节点的决策方向出现严重分歧，就会引起矛盾。

2008年，全球金融危机揭示了现代金融体系中的一些根本性问题，尤其是过度的金融杠杆、金融市场的不透明性，以及对中心化金融机构的过度依赖。这场危机导致了大规模的银行倒闭和经济衰退，对全球经济产生了深远影响，同时也促使人们开始重新思考金融体系的稳定性和可靠性。比特币通过其去中心化的特性，提供了一种不依赖传统金融机构的价值传递方式。这种设计哲学在某种程度上是对金融危机期间揭露出的问题的一种回应，尤其是对银行系统的不信任和对金融体系更大的透明度需求。

在比特币的创世区块中，中本聪留有一则隐含的信息："The Times 03/Jan/2009 Chancellor on brink of second bailout for banks"，这句话直接引用了当时的一个新闻标题，①许多人认为这是中本聪对当时金融体系状况的批评和对比特币出现背景的明确指示。

金融危机往往暴露出传统金融体系的脆弱性和不足，引发人们对货币体系、金融监管等方面的重新思考。在这样的背景下，中本聪提出了比特币这一去中心化、安全、抗审查的数字货币概念，旨在解决传统金融体系中存在的问题。

比特币的设计原理使其具有去中心化、匿名性和数量有限等特点，这些特点使比特币在金融危机时期成了一种有吸引力的替代货币。此外，比特币的挖矿机制也确保了其发行的公平性和安全性，使交易过程更加透明和可信。

尽管我们无法完全明晰中本聪的全部动机，但从他的著作及比特币的设计中，能够清晰洞察他对现有金融体系的不满，以及对隐私保护、技术创新和去中心化理念的强烈倾向。这些元素共同构成了他创造比特币这一电子现金系

---

① 引用了2009年1月3日《泰晤士报》的头版："财政大臣处于对银行进行第二次救助的边缘"。

统的初衷和动机。因此，虽然无法直接证明中本聪发布《比特币白皮书》与全球金融危机之间的直接联系，但可以合理推测，金融危机可能为比特币的诞生提供了一定的社会和经济背景，它在某种程度上反映了中本聪对现有金融体系的不满和对新型金融体系的探索。

2. 中本聪：一位伟大的科学家和思想家

中本聪无疑是一位杰出的计算机科学家和加密技术专家。他深入理解应用技术领域的关键概念，成功地将分布式系统、密码学、点对点网络技术等相结合，创造了比特币。这一成就证明了他在这些技术领域的深厚知识和前瞻性思维。

中本聪是一位经济学家。中本聪的工作不仅涉及技术实现，还包括对经济学、货币理论等多个领域的理解。他的《比特币白皮书》不仅是一份技术文档，也体现了对现有金融体系的深刻洞察和批判，提出了一种全新的、去中心化的货币系统概念。

中本聪也是一位社会思想家。中本聪显然希望利用区块链技术的特性（如去中心化、透明性、安全性）来构建一个新型的货币系统。这个系统能够提供一种去中心化的货币，其发行和交易不受中央权威控制，而是通过网络共识实现，这体现了他对技术能力促进社会经济改善的信念。中本聪可能希望挑战传统金融和货币系统的局限性，为全球经济参与者提供更多的选择。比特币的设计减少了交易对中介机构的依赖，降低了交易成本，同时提高了金融系统的包容性，这可能反映了他对经济民主化的追求。

因此，可以说中本聪是一位多领域的专家，他对比特币这种数字货币的创造展示了计算机科学、加密学、经济学、哲学等领域知识的融合，为现代金融技术领域做出了划时代的贡献。他的比特币设计不仅对技术社区产生了深远的影响，也对全球金融体系、政策制定者、企业和普通用户产生了广泛的影响。

3. 区块链技术的前身

区块链技术并不能说是由中本聪单独发明的。虽然中本聪在2008年提出了比特币的概念，并在其中应用了分布式区块链技术，但区块链技术的发展是一个集体努力的结果，涉及多位科学家、工程师和研究者的贡献。可以说，中本聪是将区块链技术首次应用于比特币这种私人加密数字货币的人，但区块链技术本身的组成概念——如密码学、分布式网络、共识机制等——在比特币之前已经存在。中本聪的贡献在于将这些概念结合在一起，创造了一种全新的去中心化数字货币系统。

共识机制、去中心化、货币发行机制和用户匿名性，是中本聪所设计的比特币区块链（而非所有区块链）技术的重要组成部分。共识机制是区块链网络中节点之间达成一致意见的方式，它确保所有节点都有相同的数据副本，并且新数据块的添加是得到网络认可的。去中心化则是区块链技术的核心特点之一，它消除了对中心化机构的依赖，实现了数据的分布式存储和验证。货币发行机制在区块链技术中特指加密数字货币的创造和分配方式，如比特币通过挖矿来发行新的货币。用户匿名性则是区块链技术提供的一种隐私保护手段，使得用户可以在不透露真实身份的情况下进行交易。因此，可以说中本聪发明了将这些组成部分融合为一体的特定形式的区块链技术，并通过比特币展示了它的实际应用。但区块链技术作为一个概念，其根源、组成部分以及应用方式比比特币更为广泛。

总的来说，区块链技术是一种融合了多种技术元素的创新工具，它在金融、供应链、物联网等多个领域都有广泛的应用前景。虽然中本聪在比特币和区块链技术的发展中起到了关键作用，但区块链技术的发明和发展是众多科学家和工程师共同努力的结果。

4. 比特币产生的意义

比特币的产生标志着数字货币时代的开启，引入了全新的货币概念和金融交易体系，具有多重意义。

第一，去中心化的全球性货币系统。比特币是首个成功的去中心化数字货币，开创了私人加密数字货币的先河。它不依赖任何中央权威或中介机构（如政府或中央银行）来发行或管理。这意味着比特币的价值和交易不受任何单一实体的控制或操纵，为用户提供了一种新的金融自由度。通过去中心化的网络，比特币实现了全球范围内的自由流通。比特币成为一种全球性的数字货币，可以在任何地方进行交易，无须受到地域限制。这使得跨境支付和国际贸易更加便捷，促进了全球经济的互动和发展。

第二，对传统金融体系的挑战。2008年全球金融危机暴露出传统金融体系的多个弱点。比特币的产生被视为对这一体系的回应，它提供了更透明、开放的金融交易平台，减少了对信用中介和第三方机构的依赖，开创了全新的金融体系模式。

第三，数字交易的创新。比特币通过区块链技术实现了快速、安全的数字交易。这种创新降低了交易成本，加快了交易速度，同时提供了更高的安全性。这对全球经济的数字化转型具有深远的影响。

第四，金融包容性的提高。比特币为那些无法享受传统银行服务的人们提供了一种新的金融工具。在世界上许多地区，人们可能由于种种原因无法开设银行账户，而比特币提供了一种无须中介、成本低廉的替代方案。

第五，探索数字稀缺性。在数字世界中，复制和分发成本极低，这使得数字稀缺性成为一个难题。比特币通过算法限定总量，创造了一种数字稀缺性，这对于理解和利用数字资源提供了新的视角。

第六，激发更广泛的区块链应用。比特币的成功不仅推动了私人加密数字货币领域的发展，也催生了对区块链技术更广泛的探索和应用，从金融服务到供应链管理，再到身份认证等多个领域。区块链的去中心化，长期来看不一定能完全去中心，而是转向一个共享共赢的多中心和弱中心局面，即不是完全颠覆现有金融系统，而是弱化易导致规则失控的少数中心话语权过强的垄断型、资源优势型的中心。区块链是计算机科学领域的一次进化，如今这种技术正在被应用于产业转型。区块链技术的各种应用程序正在被开发，这些应用程序会对法律界、银行业、金融市场乃至选举等领域产生影响，尤其有望在共享经济、共享金融和加密经济等领域引发深刻变革。

总的来说，比特币作为一种新型货币存在，不仅提供了一种去中心化、匿名、安全的私人加密数字货币交易方式，还代表了一种对现有货币理论、数字资产管理方式和金融体系的挑战和创新。比特币及其背后的技术正在逐步影响和重塑全球的经济结构和金融体系。

四、央行数字货币的技术路线

（一）各国央行数字货币必需的基础技术

1. 微观的基础技术

尽管不同国家的央行数字货币在技术实现上可能有所不同，但它们都必须基于几个关键的技术原则和要素以确保央行数字货币的功能性、安全性、可靠性和效率。以下几个核心技术要素通常被认为是实施央行数字货币所必需的：

（1）数字身份认证。为了确保安全性和合规性，央行数字货币系统必须集成高效的数字身份验证机制。各国央行数字货币项目中的数字身份认证技术涵盖多个方面，主要包括公钥基础设施（PKI）技术、数字证书、双因素认证、生物特征识别、去中心化身份管理和区块链身份认证等。这些技术可以提供安全、高效和便捷的身份验证机制，也有助于实现反洗钱和反恐怖融资（CFT）标准，同时保护用户隐私。

（2）账本技术。无论是采用传统数据库还是分布式账本技术，如区块链，央行数字货币系统都需要一个核心账本来记录所有交易。该账本必须保证数据的一致性、不可篡改性和透明性，同时保护交易隐私。

（3）加密技术。为确保央行数字货币交易安全和数据保密，加密技术是必不可少的。加密技术可用于对用户身份验证实施加密访问控制，以确保只有授权用户能够访问其央行数字货币账户和执行交易；在交易过程中，交易数据需要利用加密技术以确保其安全传输和存储，以防止第三方窃取或篡改交易信息；加密技术也可用于对交易进行授权和签名，以确保交易的有效性和真实性；加密技术还可用于对交易进行验证和确认，以确保交易的合法性和完整性。此外，在用户体验、监管方面都离不开加密技术的保障。

（4）清算和结算机制。央行数字货币系统需要高效的清算和结算机制，以确保交易能够迅速、准确地完成。这通常需要高性能的后台系统来处理大量的并发交易。

(5) 网络和系统可靠性。鉴于央行数字货币的核心作用，其基础技术平台必须具备高度的可靠性和可用性，以应对运行过程中的各种安全挑战。

(6) 互操作性。央行数字货币系统需要能够与现有的支付系统、银行系统和可能的国际货币支付系统互动操作。这意味着各国需要遵循某些共同的标准和协议，以确保不同系统之间的兼容性。

(7) 可扩展性和灵活性。央行数字货币技术架构需要设计得足够灵活，以适应未来的需求变化、技术进步和潜在的政策调整。同时，系统应具备在用户量和交易量增加时保持高效的能力。

(8) 合规性和审计。央行数字货币系统必须支持有效的合规性检查和审计过程，以满足监管要求和确保透明度。

尽管这些技术要素是央行数字货币实现的基础，但具体的技术实现和重点可能根据各国的具体需求、政策目标和技术环境具有不同的侧重。随着技术的进步和全球金融环境的变化，支撑央行数字货币的技术基础和实践也将继续发展。

2. 宏观的基础技术

央行数字货币的设计和实施需要借助于广泛的技术，包括计算机信息技术、数字技术、大数据技术和智能技术等。这些技术的应用不仅增强了央行数字货币的功能性和提高了效率，而且对于确保其安全性、可靠性和用户接受度至关重要。以下是这些技术在央行数字货币中的一些关键应用：

(1) 计算机信息技术。计算机信息技术是央行数字货币实现的基础，包括但不限于网络基础设施、数据传输、加密技术和安全协议等。这些技术确保了央行数字货币系统的稳定运行和信息的安全传递。

(2) 数字技术。央行数字货币的本质是数字化的货币形态，因此各种数字技术，如数字签名、身份认证和加密协议，都是其核心组成部分。这些技术有助于确保交易的真实性和非否认性。

(3) 大数据技术。大数据技术是用于处理、存储、管理和分析海量数据的工具集合。央行数字货币的运营会产生大量复杂的数据，这些数据的处理、存储、管理和分析对于理解和优化央行数字货币的使用模式、监测经济活动、防范金融风险等方面具有重要价值。当大数据技术与数学算法结合被应用到海量数据上时，可以利用大数据技术帮助央行高效处理相关信息和数据，提升决策质量和加快响应速度。

（4）智能技术。智能技术主要指人工智能，人工智能通常分为基础层（包括芯片、传感器、算法模型、云计算、大数据等）、技术层（包括智能语音语义、计算机视觉、机器学习等）、应用层（包括智能+教育、医疗、安防、家居等）。人工智能的不断创新和突破会推动央行数字货币的系统更新、风险管理、欺诈检测、用户体验等各方面的持续优化，从而提高央行数字货币的安全性、效率和智能化水平，促进数字经济的发展。例如，人脸识别技术可以使支付方式更加便利；智能合约技术可以在央行数字货币交易中自动执行合约条款，提高交易的效率和可靠性；大数据和机器学习算法可以分析并预测央行数字货币市场的变化趋势，提高信息分析效率，从而帮助央行制定更加有效的货币政策和监管政策。

（5）区块链与分布式账本技术。虽然不是所有央行数字货币项目都采用区块链技术，但这类技术提供了一种提高透明度、增强安全性和去中心化特性的方法。特别是在交易不可篡改性和可追溯性方面，区块链和分布式账本技术展现了独特的优势。各国央行数字货币项目中关于账本技术可能包括区块链技术、共识机制、智能合约或侧链技术等。

（6）互联网技术和移动通信技术。现代互联网和移动通信技术允许用户通过智能手机或其他设备随时随地进行交易和访问服务，这对央行数字货币的使用和普及来说是至关重要的，它们为央行数字货币的在线交易和支付提供了必要的基础设施和技术支持。没有互联网技术和移动通信技术，央行数字货币难以实现广泛分布、高效验证和全球交易。

总之，央行数字货币的发展和实施涉及多个技术领域的综合应用，这些不同的技术组合构建了不同国家的央行数字货币。随着技术领域的不断进步，央行数字货币的功能和性能也将随之提升,变得更安全、更可靠、更便捷。

(二)不同国家央行数字货币的技术路线选择

中央银行数字货币是由国家中央银行发行的数字货币,旨在提供更高效、更安全的货币支付系统。央行数字货币将作为法定货币的数字形式,完全由中央银行支持,虽然它是数字化的,但与私人加密数字货币不同,它是由国家机构发行和监管的。

数字经济时代的一个必然趋势是主权数字货币的出现。尽管大多数央行数字货币项目仍处于研究或试点阶段,但理论上,它们将是由中央银行发行的、完全数字化的货币。对于一个有秩序的主体国家,为了保证国家的稳定,国家对数字货币采取的态度一定是以国家为单位发行主权数字货币。这要求各国的央行对数字货币的发展有一个深刻的认识,以获得更好的货币方案,去实现能够继承传统纸币优势又支持更多新技术特性的理想主权数字货币。

如今,私人部门发行的数字货币开始流行,从根本上说,没有货币管理的私人加密数字货币不是真正的货币。因为私人加密数字货币最大的问题就是在其背后没有物质保障且无法被监管,易造成社会秩序的混乱。这种私人部门发行的数字货币具有匿名性、去中心化、高波动性的特质,会在某些领域对金融的稳定性造成冲击。另外,关于私人加密数字货币的去中心化很难界定其对社会的利弊比例。当前,私人加密数字货币多在特定虚拟环境中进行隐蔽性交易。虽然部分私人加密数字货币具有一定程度的商品和货币的二重性,但它们在这两方面的性质可能会因具体的货币类型、用途和市场环境而异。

正因为私人加密数字货币背后的价值缺失,主权国家对私人加密数字货币的交易持审慎态度,因为其中隐含较大金融风险。但一般主权国家对数字货币背后的支撑技术的发展持支持态度,且高度重视数字货币的发展,以便为发行央行数字货币开辟道路。

对世界上大多数发展中国家来说,很多国家的大部分公民是没有银行账户的,有的只是基于移动支付进行的"数字支付"。大多数发展中国家央行关注数字货币,其根本是为了普惠金融和为实体经济提供类似于现钞货币功能的数字化货币。而对大多数发达国家来说，高度发达的虚拟经济带来了金融泡沫，其公众对虚拟经济操纵者的信任破裂，它们的央行关注数字货币其主要目的是提高虚拟经济金融系统的透明度和抗风险能力。

央行数字货币的技术支撑既可能是加密数字货币式的，也可能是电子货币式的，具体取决于央行的政策目标和技术选择。在实施之前，各国央行通常会进行广泛的研究、试点项目和公众咨询，以确定最适合本国需求和法律框架的央行数字货币设计。

一些央行考虑使用类似私人加密数字货币的区块链技术来发行和管理央行数字货币。这种设计借鉴了比特币和其他私人加密数字货币的去中心化账本技术，它能够保证交易的透明性、安全性和可追溯性。然而，与完全去中心化的私人加密数字货币不同，这类央行数字货币的区块链往往是许可式的，即只有授权参与者才能验证交易。这种类型的央行数字货币是数字货币。

另一些央行会考虑使用更接近传统电子货币的中心化管理模式，其中央行或指定的金融机构控制着货币发行和交易清算。这种模式可能不依赖于区块链等类似的技术，而是使用更传统的数据库和电子支付系统来实现。

还有一些央行可能采取混合型的方法，既利用区块链等技术的安全性和透明性的一些优点，也利用传统电子支付系统的高效率和稳定性的优点，把两者的技术模式结合起来。例如，央行可能使用区块链技术来记录和验证交易，同时在某些操作中保留中心化的控制。接近传统电子货币的中心化管理模式和采取混合型模式的央行数字货币不完全属于完全数字货币。

央行数字货币的技术支撑结构取决于各国央行的具体设计和目标。不同国家的央行在发展自己的数字货币时选择了不同的技术路径，这些选择反映了其各自的经济需求、技术基础设施、政策目标和隐私保护标准的不同。下面概述了一些主要国家和地区在技术路线选择上的差异。

中国人民银行（PBC）很早就开展了对数字货币的研究，中国的央行数字货币发展通过实践已经走到了世界的前列。中国的央行数字货币是数字人民币，也被称为e-CNY，是目前最先进的央行数字货币之一，现已经在多个城市进行了试点测试。技术上，中国的数字人民币并不完全依赖于区块链技术，而是采用了一种更为集中的数字货币系统。这种系统允许中国人民银行保持对货币发行和流通的严格控制。数字人民币设计为双层运营体系，即中国人民银行首先将数字人民币兑换给商业银行或其他运营机构，然后这些机构再将其分发给公众。这种设计旨在与现有的金融系统、支付系统、基础设施兼容，同时保持货币发行的中心化管理，以及加强货币监管和控制。技术上，数字人民币采用了一种更适合高并发交易的分布式技术结构。

欧洲中央银行正在研究数字欧元的多种技术路线，包括但不限于基于区块链技术的解决方案，目前还在探索阶段，未确定最终方案。虽然最终方案尚未确定，但欧洲中央银行强调数字欧元将隐私保护和效率作为关键考虑因素。欧洲可能采用集中式的央行数字货币系统，在确保隐私的前提下，考虑采用一些分布式账本技术的元素。欧洲中央银行设计央行数字货币的主要目标集中在补充现有货币，确保欧元区的货币主权和金融稳定，同时提高支付系统的效率，以实现数字欧元的成功和可持续发展。

美国的央行数字货币探索还处于较早期阶段。美国联邦储备系统对央行数字货币持审慎态度，重点放在研究和评估央行数字货币潜在的设计选择、影响以及技术框架上。美联储强调任何潜在的央行数字货币系统都需要保护用户隐私，确保金融稳定，提高支付系统的效率，并兼容现有的货币和支付体系，保证经济增长和创新。此外，美国的任何央行数字货币方案很可能会重点考虑隐私、安全性和跨境交易的能力。美国尚未确定具体的央行数字货币技术路线，但已经发布了一些研究报告和论文来探讨不同的技术可能性。美国联邦储备银行显示出对多种技术路径的兴趣，包括利用分布式账本技术的优势、利用现有的银行基础设施和考虑新兴的区块链技术。美联储于2021年发布了一份论文，征求公众对于央行数字货币设计原则和特征的意见。此外，波士顿联邦储备银行与麻省理工学院合作开展了一个名为"汉密尔顿计划"（Project Hamilton）专注于央行数字货币研究的创新项目，以探索和评估美国央行数字货币的技术可能性，尽管该项目的目标不是立即发行美国央行数字货币。

巴哈马已经推出了全球首个全面运行的央行数字货币——沙元。沙元的技术路线旨在促进金融包容性，提高群岛之间，尤其是偏远地区的金融服务可达性和交易效率。沙元采用了较为集中的分布式账本系统，该系统由巴哈马中央银行控制，由中央银行直接发行给公众。

瑞典央行启用"数字克朗"的试点，其动机是应对国内现金流通萎缩。数字克朗旨在提供一个数字化的支付选择，保持公众对公有货币的访问。瑞典央行正在评估基于区块链的技术方案，探索数字克朗作为一种零售型央行数字货币的可能性，旨在提供一种高效、可访问和可扩展的央行数字货币。

加拿大央行正在积极研究"数字加元"（Digital Loonie），它对央行数字货币的技术探索包括了项目"Jasper"，这是一个用于理解和测试央行数字货币的试点项目。虽然加拿大还没有正式决定发行央行数字货币，但其探索重点在于建立一个安全、可访问并保护隐私的央行数字货币系统。加拿大的技术探索包括对区块链技术和非区块链技术的评估，表达了对创新技术的开放态度，重点关注隐私保护和安全性。它旨在确保未来的数字加元既能支持零售支付也能兼顾批发支付的需要，并强调了与现有支付系统的兼容性。

新加坡金融管理局没有直接发行一种零售型央行数字货币，但它推出了"Ubin"项目，该项目是一个以区块链技术为基础的支付系统。"Ubin"项目是新加坡探索区块链和分布式账本技术在金融领域应用的重要部分，通过使用区块链和分布式账本技术探索用于清算和结算的批发支付的央行数字货币模型，包括央行数字货币的潜在用途。新加坡关注如何利用这些技术提高支付系统效率、降低成本，提升跨境支付性能，增强金融市场的流动性。

瑞士央行与瑞士证券交易所合作，探索了基于分布式账本技术的数字货币——"Helvetia"项目，旨在测试在分布式账本上进行中央银行货币结算的可行性。虽然这主要是面向金融市场基础设施的项目，但它也为零售型央行数字货币提供了洞见。

巴西央行正在研究和开发央行数字货币，旨在增强金融包容性和提高支付系统的效率。巴西央行数字货币项目计划在依托现有的支付系统基础设施基础上，探索创新技术，以实现快速且安全的交易。

英国虽尚未正式推出央行数字货币，但对其表现出浓厚兴趣。英国央行正在进行一系列研究和讨论，评估引入央行数字货币的潜在利弊和实施方案。英国央行明确表示，任何未来可能推出的"数字英镑"将会与现有货币并存，而不是替代现金或银行存款。它强调把隐私保护、安全性和可访问性作为潜在的央行数字货币设计的关键考虑因素。

总体来说，各国正在探索融合私人加密数字货币和电子货币某些特性的央行数字货币，每个国家的央行数字货币都拥有自己独特的属性和设计考虑。不同国家和地区的央行数字货币技术选择反映了其不同的政策目标、市场结构和技术成熟度。随着技术的发展和全球金融环境的变化，这些技术路线可能会继续演进以适应新的挑战。

（三）中国的数字人民币

1. 数字人民币简史

数字人民币，是中国人民银行发行和监管的官方数字货币。它代表了中国在央行数字货币领域的重要进展。以下是数字人民币发展的简要历史。

2014年，中国人民银行启动数字货币研究工作，这标志着数字人民币概念的起始。当时，中国人民银行成立了一个专门的数字货币研究小组，探索数字货币的可能性和其潜在的经济影响。

2017年，经过初步的研究和准备，中国人民银行加大了在央行数字货币技术方面的开发力度。2017年成立了央行数字货币研究所，专注于央行数字货币的技术开发和应用试验。

到2020年，数字人民币开始在中国的多个城市进行试点测试，深圳、苏州、雄安新区和成都是首批试点地区。这些试点测试覆盖了零售、餐饮、交通等多个场景，评估了数字人民币在实际应用中的表现和可行性。

2021年，鉴于初步试点成功，中国进一步扩大数字人民币试点范围，包括更多的城市和场景。到了2022年，北京和上海也加入了试点城市的行列，上海更是在地铁和公共交通领域开展了数字人民币的试用。此外，其他城市如天津、重庆、广州,福建的福州和厦门,浙江的杭州等地陆续成为新的试点地区。

随着试点的推进,中国人民银行也开始探索数字人民币在国际支付中的应用,以及如何在确保安全和隐私的前提下进行跨境交易。同时,中国也在加快构建数字人民币的法律和政策框架。这包括修订相关法律,确立数字人民币的法律地位,以及制订防范风险的措施等。

总之,数字人民币的设计旨在提升支付系统的效率,增强金融包容性,减少对现金交易的依赖,并提高人民币在国际交易中的地位。尽管数字人民币的正式发行和全面推广尚需时间,但它的发展已显示出中国在央行数字货币领域的领导地位和对未来金融生态的影响力。

2. 数字人民币的技术路线

数字人民币的技术路线体现了中国人民银行对于实现一个安全、高效、可靠的央行数字货币系统的全面考虑。虽然具体的技术细节尚未完全公开,但可从各种公开信息中梳理其技术路线的关键特点。

数字人民币采用"一币、两库、三中心"的系统架构。"一币"指数字人民币,是由央行担保并签名发行的代表具体金额的加密数字串;"两库"指中央银行发行库和商业银行的银行库,用于数字人民币的存储和管理;"三中心"包括认证中心、登记中心和大数据分析中心,分别负责用户身份认证、交易登记和数据分析等功能。

在技术选择上,数字人民币融合了中心化、高吞吐量、隐匿可控、可监管及点对点交易等特点。它采用中心化的管理模式,保障了货币政策的传导机制和货币调控的效率;同时,通过高吞吐量的设计,能够满足大规模交易的需求。此外,数字人民币还实现了隐匿可控和可监管的平衡,即大额可追溯,小额可隐匿,既保护了用户的隐私,又确保了交易的合规性。

在具体的技术应用上,数字人民币兼容了基于账户、基于准账户和基于价值等三种方式的设计,使数字人民币既具有账户的功能,可以进行储值,又具有货币的功能,可以作为价值衡量的工具。数字人民币还采用了"账户松耦合"

加数字钱包的方式,这种方式的核心在于它允许用户在不依赖于传统银行账户的情况下,通过数字钱包进行数字人民币的存储、转移和支付,实现了其支付即结算的功能。此外,数字人民币还应用了集中式和分布式混合技术架构,以及可信计算、软硬件一体化专用加密等技术,进一步增强了系统的安全性和可靠性。具体技术表现有如下几点:

第一,数字人民币采用双层运营体系。数字人民币采用双层运营体系是指中国人民银行首先向商业银行或其他金融机构发行数字人民币,然后这些机构再向公众发行。这种模式既利用了现有金融体系的基础设施,又提高了发行效率,并允许商业银行在数字人民币的分发、服务、推广等方面有创新性举措。

第二,数字人民币不完全依赖于区块链技术。尽管区块链技术在全球许多央行数字货币项目中被视为关键技术,但数字人民币并没有完全依赖于区块链。数字人民币在某些组件中采用了分布式账本技术,但整体上,数字人民币倾向于采用更加成熟的传统分布式架构的支付体系,以确保能够处理高并发的交易。

第三,数字人民币提供了可控的匿名性。数字人民币设计中考虑了保护交易隐私,它在确保交易安全和符合反洗钱要求的同时,提供了"可控匿名性"。数字人民币的相关技术设计能够追踪可疑交易的资金流向,减少洗钱、腐败、偷漏税等风险,保障资金安全。这意味着数字人民币在满足用户隐私需求的同时,具有相匹配的监管措施以确保交易合法合规。

第四,数字人民币兼容现有支付系统。数字人民币的设计考虑了与现有的支付系统的兼容,确保用户可以在不同的支付环境中无缝使用。这包括通过手机应用、专用硬件钱包等多种形式使用数字人民币。

第五,数字人民币具有离线支付能力。为了解决在网络信号不佳或无网络环境下的支付问题,也为了增强数字人民币的实用性、便捷性和通用性,数字人民币支持离线支付功能。在没有网络连接的情况下,该功能可使两部安装了数字人民币钱包的手机通过近距离无线通信技术直接完成支付和收款操作。

第六，数字人民币具有安全性和可靠性。数字人民币的开发着重考虑了安全性和可靠性，采用了先进的加密技术和安全机制，以防止欺诈、伪造和双重支付等风险。

第七，数字人民币具有智能合约功能。智能合约技术能根据交易双方约定的条件和规则自动执行交易。

总之，数字人民币的技术路线是一种结合传统支付系统优势和现代数字技术的综合体，旨在提供一种既安全又便捷的支付方式，以适应数字经济时代的需求。

（四）央行数字货币的意义

货币形态从纸币向数字货币的转变是由于信息技术的发展以及移动互联网、可信云计算、安全储存技术及区块链技术的不断演进，成本更低、支付效率更高的数字货币成为可能。央行数字货币的引入和发展具有重要的经济和社会意义，这些意义体现在多个层面，它可以更好地支持社会经济发展，助力普惠金融的实现。

第一，提高支付系统的效率。央行数字货币可以使支付系统更加高效，减少交易时间和降低成本，特别是在跨境支付领域。与传统的银行转账和电子货币支付相比，央行数字货币能实现更快的交易结算。

第二，增强金融包容性。通过提供一种安全和低成本的支付手段，央行数字货币可以扩大金融服务的覆盖范围，特别是对于那些传统银行服务无法覆盖或由于经济、地理、社会等因素导致金融服务使用成本较高的地区和人群。通过央行数字货币，人们可以直接控制自己的资金，无须依赖传统银行账户。然而，若要确保所有人群都能从中受益，仍需要全面的数字基础设施建设和用户教育。

第三，降低交易成本。央行数字货币减少了传统金融交易中的中介环节，从而降低了交易成本。这对消费者和企业都是有利的。

第四，提升货币政策的传导效率。央行数字货币使央行能直接对经济体中的个人和企业发放或回收资金，这可以增强货币政策的直接性和有效性。

第五，增强支付系统的安全性和稳定性。由央行发行和支持的数字货币比私人电子货币或私人加密数字货币更加稳定和可靠，因为央行可以凭借数字货币确保支付系统的运行不受大型技术故障、其他金融机构失效或金融危机的影响。

第六，降低现金的使用成本。在某些国家，维护和管理现金的成本相当高。央行数字货币提供了一种减少对现金依赖的方案，有助于降低相关成本。

第七，增强对金融犯罪的监管能力。与私人加密数字货币相比，央行数字货币的使用可以提高交易的透明度，帮助打击洗钱、恐怖融资、税务欺诈等金融犯罪行为。

第八，促进数字经济的发展。央行数字货币是数字经济基础设施的一部分，可以促进相关技术和服务的创新，进一步推动经济数字化转型。

第九，增强国际贸易和交往能力。对于国际贸易和跨境支付，央行数字货币能提供更有效的支付和结算手段，增强本国货币在国际贸易中的竞争力。

第十，应对私人加密数字货币挑战。随着比特币等私人加密数字货币的兴起，以及像Facebook（现改名为Meta）提出的Libra（现称Diem）等私人加密数字货币计划的推进，央行发行的数字货币可以提供一个更安全、受监管的替代选项，确保国家货币的稳定性和主权。虽然多数现有的央行数字货币项目不完全依赖于区块链技术，但一些中央银行正在探索使用区块链或类似技术来增强数字法定货币的安全性和提高效率。这表明区块链技术的潜力超出了纯粹的私人加密数字货币领域，适用于更广泛的金融应用。

综上所述，央行数字货币不仅仅是一种新的货币形态，它在提高支付系统效率、增强金融稳定性、提升金融监管能力以及支持经济增长等方面都具有重要意义。

（五）央行数字货币的本质

从货币的历史可以看出，纸币的诞生是金属货币之后的一场货币革命，而数字化货币是纸币之后的又一场货币革命，它的更迭是时代的需要，与现有的政治、经济、科学都有着紧密的联系。

数字化货币出现的主因就是人们对更快捷、更有效率的支付的需要。票据、银行卡、手机等可归为同类,它们都是支撑数字化货币运行的工具,在抽象的转账支付清算过程中,实现货币数字化运行。

央行数字货币要成为主流数字货币主要考虑的是"数字资产"怎样构建自身的价值体系。因此央行数字货币未来可能的发展趋势是无价值支撑的虚拟数字货币"去虚拟",加上"央行信用",最终构建"点对点+电子支付系统+央行信用+数字技术"的主权法定数字货币。在未来,央行数字货币可能真正实现完全不依赖物理世界,通过技术机制成为数字世界中具有实物货币特性的符号,达成人类共识的真正意义上的智能数字货币。

但在如今时代,央行数字货币本质是具有法定货币属性和主权货币属性的信用数字货币。

首先,央行数字货币具有法定货币属性。央行数字货币由国家央行发行或授权商业机构发行,这既保证了发行主体的合法性和权威性,也意味着它在国家范围内被法律承认为合法支付手段。央行数字货币与纸钞和硬币具有同等的价值特征和法偿性,即可以在经济活动中作为支付手段被接受并用于清偿债务。央行数字货币本质上是数字化的,但其实质还是信用货币。它需要国家相关法律法规、社会信用环境和各类金融机构来支撑其信用,保障其交易媒介的功能,并且它的发行、流通和管理都需受到国家法律的严格监管,确保其合法、安全和稳定运行。同时,在现阶段央行数字货币实质还属于现金范畴,必须保证其与实物现金的可兑换性,使其可以兑换同等价值的纸钞或硬币。法定数字货币是可以逐渐取代流通中的实物现金的,但由于人类对货币的认知是逐渐形成的,央行数字货币的普及需要一定时期内与实物现金实现稳定的可兑换性。这样的货币使用状态可能会长期共存。

其次,本质上,大范围可流通的货币都是有国家性质的"主权货币"。主权货币的特点是由国家中央银行统一发行,可由各种银行及其他金融机构、第三方支付系统流通,可被所有消费者接受和使用。央行数字货币是以国家信用为支撑的、由中央银行发行并监测的具有主权垄断性质的货币。它的发行与管理是国家履行政府职能的一部分,具有"主权货币"的性质。央行数字货币不仅具有主权数字货币的价值,其核心还是另一种形态的信用货币。第一,它是中央银行发行的数字化的基础货币,是数字化的法定货币,可被更广泛的公众接受和持有。第二,它以国家信用和整体实力为价值支撑,有益于币值稳定。第三,它能通过货币调控更好地服务实体经济,并促进与之相关的虚拟经济健康发展。第四,它能应对私人加密数字货币的挑战,保障国家货币主权,推动本国货币的国际化。此外,央行数字货币作为主权货币需保障国家利益和人民利益,它涉及对外贸易、经济政策、人民福利、商业繁荣的方方面面。它的施行不仅需要考虑技术的问题,还需金融系统经过多年的调试,以解决国家货币体系中的问题。央行数字货币的施行不能仅凭技术引领就颠覆现有一切规则,它不能无视各国现有的法律、制度、监管框架等。央行数字货币的发行与流通一定是有完善的经济体制,在行政监管和法律约束下普及使用。

从现有技术维度来看,央行数字货币运用了加密货币,其设计、交易、用户体验、监管方面都离不开加密技术的保障。从长期的实现维度上来看,央行数字货币逐渐从信用货币向算法货币过渡。中央银行是货币发行算法规则的设计者和货币政策的决策者,通过不断更新的算法可以持续优化主权数字货币发行的每一个环节,从而为构建未来的智能货币铺平道路。在未来,央行数字货币可能并不需要国家信用和主权背书,从技术构建方面可能会实现无对应实体信用的智能数字货币。

我们在此基础上构想央行数字货币的各个发展阶段。在发展初级阶段,央行数字货币主要还是作为信用货币,作为主权数字货币,补足数字经济时代法定货币的数字化功能。在其发展的第二个阶段,央行数字货币需要在技术维度上进行补足,通过加密技术、区块链等一系列独特的技术设计,实现无中介的、突破空间和时间限制的物理世界和数字世界真正的一币畅行。在其发展的第三个阶段,央行数字货币达到算法货币阶段,它与全社会大数据深度融合,建立了可分析、可调控的货币政策体系。发展到最终阶段,央行数字货币将成为智能货币,以智能技术作为基础,使货币应用实现无对应实体信用的智能数字货币，通过技术手段实现智能合约的智能化执行和货币政策的智能化调控。

五、中国数字化货币的发展

（一）中国电子货币支付的发展与数字货币的展望

在我国，电子货币支付的普及主要体现在移动支付上。移动支付已经成为一种主流的支付方式，我国有数量为十亿级的智能联网设备，随着移动终端的更高普及率，我国的支付终端呈现出多样性。

我国的移动支付具有最广泛的技术架构，交易费用小，支持小额支付和点对点支付。在我国，大规模的民众使用移动支付完成购物付费、生活缴费、线上订购、交通出行等各种各样的生活服务。这些优势使中国移动外卖配送规模约为美国的10倍，移动支付规模约为美国的50倍，共享单车设施数量约为美国的300倍，等等。微信支付与支付宝等第三方应用程序，成为大多数中国人生活和工作不可或缺的一部分，几乎所有需求都可以通过移动支付集中完成，如转账、付费、报税、租借出行工具、预约看病、购物、工作管理、开锁等。

如今的中国，民众越来越习惯非现金的电子货币支付，电子支付场景日益完善。由于移动支付的普及，大量用在移动设备上的应用程序被开发和设计出来。这些应用程序可以很便利地通过应用商店或其他渠道下载和安装，承载电子商务的功能，提供在线购物、支付、预订等服务。这些应用程序为电子商务提供了便捷的平台和渠道，促进了电子商务的发展和电子货币支付的普及。因此数字货币和移动支付的融合是未来中国数字货币发展需要参考的路径。

此外，中国第三方支付平台有极大的应用和发展，成了全球领先的移动支付市场之一。第三方支付平台是指具有雄厚资金基础和良好信誉背景的独立机构，它与银行机构合作，以计算机、信息技术为支持提供保障消费者和商家间资金流和商品流、完成支付结算的中介服务。[1]

---

[1] 姚前：《数字货币初探》，中国金融出版社2018年版，第342页。

以支付宝为代表的第三方支付,其支付过程本质上是虚拟账户间的资金转移。2003年10月,阿里巴巴集团旗下的公司推出支付宝第三方支付平台,现在它与国内外180多家银行和其他金融机构建立了合作关系,完成了支付系统对接,可用最便捷的方式实现网上支付结算和资金转移。支付宝中的货币与传统货币挂钩,通过银行账户或银行卡与用户的资金相关联。它作为第三方担保提供代收代付的中介服务来保障交易双方网上交易的安全。如今支付宝已经成为一个综合性的移动应用平台。

第三方支付平台的支付结算和资金转移是在同一支付公司不同虚拟账户之间的交易,这个过程不涉及银行清算,其交易对商业银行和央行都不透明的。对商业银行来说,损失了客户交易数据,无法对数据背后的习惯进行分析和挖掘;对央行来说,不透明的资金流向给反洗钱、金融监管、货币政策调节带来了一定障碍。由此非银行支付机构网络支付清算平台(网联平台)在2017年启动试运行,网联平台的成立标志着我国支付清算体系进入了一个新的发展阶段。在这之后,第三方支付平台的清算功能必须通过网联平台处理,实现了第三方支付平台支付业务的规范化和透明化。

第三方支付平台的前景是什么呢? 前期第三方支付平台与电子银行是互补的关系,后期是竞争的关系。在初期,第三方支付平台作为客户和电子银行的中介者,其便利的支付方式可以帮助银行快速和低成本地拓展客户与市场。同样银行提供给第三方支付平台的电子银行接口,促进了第三方支付平台的系统完善,并扩大了自己的影响力和客户群。但在后期,第三方支付平台的很多创新业务重叠了银行本身的业务功能,存在双方抢占客户和市场的情况。随着电子银行系统的普及,第三方支付的中介作用渐渐减弱,银行的信用度和线下网点等优势逐渐上升。但由于第三方支付平台的业务都是建立在不可替代的电子银行的基础上,且第三方支付的虚拟账户对商业银行以及监控机构不透明,易引发货币增发风险与潜在的流动性隐患。这些必然会导致第三方支付平台与银行方面产生竞争和矛盾。针对第三方支付平台带来的风险,如管理松弛、忽视消费者权益、信息泄露、备用金挪用等,中国人民银行对第三方支付平台的登记和牌照发放给出了更严格的规定，通过提高门槛、细化监管内容，保证了第三方支付平台的规范发展。

第三方支付的发展是因为物理货币存在功能局限，不支持即时的远程支付结算和大额支付，只能通过银行或第三方机构实现远程支付。如今的中国，蓬勃发展的第三方支付平台，运用"二维码"提高了支付效率，这也带来了中国多样的社会支付体系现状。无人超市、花呗消费等更灵活化、更信息化的消费方式越来越多。手机一方面成了人们获取世界信息的窗口，另一方面绑定了电子货币，成了人们支付清算的主要媒介。手机、银行卡等都成了数字化法定货币的工具和媒介。这种现状加重了央行对货币的监管负担，也使已建成的金融基础设施未能实现金融基础设施的最大化利用，造成了资源的浪费。如今的第三方支付系统是私人部门的价值担保或商业银行的备付金存管，兑付承诺较为薄弱，一旦不能实现与法定货币的1:1兑换，就有极大的风险。若占据市场份额较大的第三方支付平台破产，甚至可能对社会稳定产生极大的威胁。此外，数字化的电子货币支付削弱了法定货币地位，降低了货币政策的有效性。

因此在未来，中国面临的新挑战在于如何打造数字人民币作为一种新金融基础手段。中国地域辽阔，地区与城乡之间存在社会、经济等多方面的差异，法定数字货币的流通需要面对不同场景与社会群体，因此全面满足各类用户的需求是一个必然要求。金融机构的诞生和发展缘起于支付，这是金融业务的基础。随着数字时代来临，大数据、人工智能等技术的进步，金融机构将从金融服务提供者慢慢向数据价值的挖掘者和利用者转型，在未来逐步实现精准营销、交易和运营，有针对性地满足客户的需求。智能化、信息化和便捷化是数字时代发展的重要方向。中国人民银行需要吸纳并采用现代信息技术，不断发展优化数字人民币的功能，逐渐打破人们固有的对电子银行账户和网关接口的依赖，打破私人部门提供支付服务、央行给予价值担保的旧模式，构建面向未来的智能货币和智能银行。中国人民银行需要在支付领域再创造，开辟新市场，引领行业变革，推动大众数字普惠；还需要发挥货币调控政策的引导作用，进一步提高金融服务实体经济的能力，使其实现可持续增长的同时保持较低的、稳定的通货膨胀率水平。

（二）数字化货币应用拓展传统消费环境

在中国，数字化货币的到来给消费领域带来的最大变化就是支付方式的改变。

首先，数字化货币支付的产生与广泛应用极大地促进了实体经济的繁荣，主要体现在在线支付的发展和普及促进线下经济繁荣。在线支付是消费者通过互联网设备（如电脑、智能手机等）购买商品或服务的支付方式。在线支付涉及的是网络上的商家和消费者之间的交易。消费者既可以使用数字化的电子货币来购买商品或服务，也可以使用法定数字货币（如数字人民币）来购买商品或服务。数字化货币是在线交易的基石。

在线支付是电子商务发展的关键驱动力之一。随着在线支付的普及，电子商务平台得以迅速发展，为消费者和企业提供了更多的交易机会和选择，促进了商业活动的繁荣。在线支付通常以网站、应用程序或其他在线平台作为交易的载体，消费者在这些平台上选择商品或服务，并通过提供如银行卡信息、加密货币地址等支付信息来完成支付。在线支付提供了一种便捷的支付方式，消费者不再需要使用现金或传统的银行转账，在任何时间、任何地点都可以完成交易。这提高了交易的便利性，鼓励消费者进行更多的购买。例如，使用智能手机进行线上支付，消费者可以在几秒钟内完成交易，享受快捷的购物体验和即时的支付确认，无须携带现金或银行卡。在中国，使用支付宝或微信支付进行各种线上和线下购物已成为日常生活的一部分。线上支付使得消费者在餐饮、旅游、娱乐等服务行业的支付更加便捷，通过手机或其他电子设备即时线上支付线下使用，提升了消费体验和效率。

我们处于一个线上与线下环境相融合的过程中。在这一过程中，线上的便利性被带入线下世界，线下可感知的事物走进了线上。数字化货币的在线支付将线上和线下两种消费方式结合起来。旅游景区、旅游度假区、夜间文化和旅游消费集聚区、特色商业街区、旅游休闲街区、重要文娱场所等通过数字化技术的支持和与"食、住、行、游、购、娱、医"等消费密切关联的互联网平台合作，促进了线上用户与线下实体商家之间的交易和互动，它们充分利用了互联网的优势，提高了消费者的购物体验。

数字化货币的产生为消费者提供了新的支付方式，特别是在全球范围内缓解了传统货币的汇率和支付障碍，使消费者可以从全球范围内购买商品或服务。数字化货币的特性使跨境支付更加便捷，人们可以通过数字化货币迅速、安全地进行国际支付和转账，而无须依赖传统的银行或汇款服务。例如，通过支付宝、微信支付或PayPal，中国消费者可以购买世界更多地方的商品，在支付过程中自动处理货币兑换。电子钱包可绑定境外银行卡支付（外卡内绑），境外电子钱包可在境内商户支付（外包内用），云闪付旅行通卡等移动支付产品可使移动支付各环节更加便捷，甚至数字人民币可以实现离线支付。相比于传统的实体交易，数字化货币支付通常具有更低的交易成本，对消费者来说意味着用更低的购买成本选择更丰富的产品，这促进了消费和经济活动的增长。并且，随着支付安全技术水平的不断提升，消费者对于数字化货币支付的信心不断增强。许多支付平台提供交易保护措施，如果商品或服务未按承诺交付，消费者可以申请退款，这增强了消费者在进行交易时的信心。他们更愿意通过数字化货币支付来购买商品或服务，而不必担心安全风险或交易问题，这进一步推动了消费活动的增长。

其次，数字化货币的发展使消费者享受到了数字时代下各种各样的虚拟数字产品，还促进了虚拟经济的繁荣。虚拟经济指的是基于虚拟环境或数字平台上产生的经济活动和交易体系。在虚拟经济中，参与者可以通过数字化货币购买、出售虚拟数字产品来获取收益或满足需求。虚拟数字产品涵盖了各种数字形式的资产、物品、艺术品和服务，它们在数字环境中具有一定的价值和功能，为用户提供了多样化的消费和交易选择。这些虚拟数字产品可以是虚拟物品、虚拟地产、虚拟货币；可以是数字货币、数字艺术品、智能合约和区块链资产；也可以是在线课程、数字音乐、数字电影、数字书籍、数字游戏等数字化的娱乐内容；还可以是社交媒体、在线金融、云计算等日常生活服务。

在数字化平台和虚拟环境的经济体系中，用数字化货币与其他用户交易虚拟数字产品,用户可以参与各种经济活动。这种经济模式的兴起已经带动了多个行业的繁荣,诸如游戏产业、数字艺术市场等。尤其是随着区块链技术的出现,数字化资产的所有权可以被准确地记录和转移,去中心化的平台会为消费者提供更多的自主权和控制权。区块链技术可以确保虚拟游戏内的物品和资产创造真实的所有权和价值。玩家可以购买、交易和出售游戏内的虚拟物品,创造了新的经济生态系统。区块链技术也可以确保数字艺术品的唯一性和所有权,从而为数字艺术家和收藏家创造了新的市场。人们可以通过购买加密艺术品的加密代币(NFT)来获得数字艺术品的所有权。这些已经成为一种新的消费和投资方式。

最后,数字化货币发展为在线公共服务的咨询与交易提供了便利的支付手段。在线公共服务是指政府或相关机构利用互联网和数字化技术提供给公众的服务。这些服务可以涉及各个领域,包括但不限于教育、医疗、社会福利、电子政务服务、交通、文化等。例如,消费者可以线上购买学习资源、网络课程等进行远程学习;可以预约挂号、远程诊疗获取医疗健康服务;也可以线上申请购买社会保险;还可以提前进行出行规划,提前网上购买交通票据和旅游景点门票等。一些慈善组织和社会公益项目接受法定数字货币捐赠。通过加密数字货币,人们可以匿名或快速地向慈善组织捐款,促进慈善事业的发展。在线公共服务的支付方式提高了公共服务的便捷性、透明度和效率,促进了政府与公民之间的互动和沟通,同时也推动了数字化政府建设和社会治理的现代化。

总之,数字化货币发展促进了"线上+线下"服务模式的发展,推进了实体经济和虚拟经济的繁荣,拓展了传统消费环境的界限。

(三)数字化货币改变了人们的思维方式

数字化货币催生了数字经济,新的经济方式催生了新的消费模式,改变了中国大多数人的消费习惯和生活方式。数字化货币在消费领域中的作用不仅仅局限于支付本身,它还通过提供更加丰富、安全和便捷的消费体验,深刻地影响和改变了消费者的购买行为和消费习惯。

首先,电子货币支付逐渐改变了消费者的购物习惯,使越来越多的消费者倾向于在线上购物而非传统的实体店面购物。

电子货币支付推动电子商务发展，让许多原本只能在实体店购买的商品实现线上销售。它给消费者提供了一种更加便捷、灵活的购物方式，使消费者可以随时随地比较商品、阅读评价、完成购买，还为消费者提供了更广泛的选择和更低廉的商品价格。

电子商务和科学技术的发展使企业能够利用大数据技术和智能技术收集和分析大量的客户数据。从数字化落地来说，数字化的成果最终体现在用户体验上。企业通过分析消费者行为、支付习惯、市场趋势等来满足消费者的特定需求和偏好，从而提供更加个性化的服务和改进客户体验，提高客户满意度和忠诚度，使越来越多的消费者倾向于在线上购物。例如，许多支付平台和电子商务平台提供了丰富传统支付的功能，包括优惠券、积分奖励，以及个性化推荐等，从而增强了消费者的购物乐趣。

在今天的中国，天猫、淘宝、京东、拼多多、苏宁、国美、唯品会等，成了人们购物无法避开的购物电商平台；微信支付、支付宝、云闪付等成了人们线上支付无法避开的电子支付系统。从智能家居到在线教育、远程医疗、智能交通等，数字经济的应用让人们的日常生活更加便捷和智能。人们在线上购物，用美团、大众点评、携程等预订餐饮、住宿、交通等，通过微信公众号预订去公园、体育健身场馆、旅游景区、文化馆、图书馆、博物馆、美术馆等场所的门票。人们通过微博、微信、小红书等社交媒体与其他用户进行互动、评论、分享等；通过央视频、腾讯视频、优酷视频、爱奇艺、芒果TV、哔哩哔哩（Bilibili）、抖音、快手等在线娱乐平台享受数字化的影音服务；通过PS（Play Station）、Switch、X-box平台体验虚拟游戏世界中的美丽风景、感受动人故事。

其次，随着区块链技术的发展以及数字人民币的试行与逐渐普及，人们对数字货币的认识可能会更进一步。更多的民众开始关注和学习数字货币的相关知识，培养自己的数字货币意识和技能。他们可能会参加一些关于加密数字货币的教育活动、研讨会或网络课程，了解其基本原理、使用方法和投资风险。随着数字人民币的推广应用，政府不断提升数字人民币使用体验，人们会逐渐拓展数字人民币在消费领域的使用范围。

总之，数字化货币的产生拓展了传统消费思维和消费习惯，改变了人们的生活方式、社交方式和休闲方式，促进了数字经济的发展和文化的多样性。

第五章

数字化货币本质问题的哲学探究

本书所说的数字化货币主要包括电子货币、加密数字货币（如比特币）、虚拟数字货币（如游戏币）、央行数字货币四种类型，但虚拟数字货币在本书中被认为不是真正的货币形态，不是我们的主要研究对象。

一、作为一般等价物的数字化货币

数字化货币的本质属性仍然指向了"一般等价物"。马克思认为货币的基本职能是价值尺度、流通手段。西方经济学认为货币的基本职能是价值尺度、交换媒介、储藏价值。随着人类社会的进步和社会的发展，人们对事物本质属性的认识会不断深化和拓展。现代货币的基本职能有四个，即价值尺度、流通手段、贮藏手段、支付手段。并且现代货币的普遍接受性已上升为货币的内在共同属性。

（一）"一般等价物"之"等价"和"一般"

传统货币理论认为，一般等价物是从商品世界中分离出来作为其他一切商品价值的统一表现的特殊商品。它是商品生产和商品交换发展到一定阶段的产物，是社会公认的等价形态。一般等价物的自然形态成为一切商品的共同的价值形态，它可以与其他一切商品直接相交换，其他商品则将其视为抽象人类劳动的化身而与之发生关系。在商品交换中，一般等价物起着媒介的作用，实质上也就是货币的作用，但它本身还不完全是货币。只有当一般等价物的职能固定在某种贵金属身上时，它才最终发展成为货币。

从上述理论我们可以看出，一般等价物与数字化货币的基本职能密切相关，甚至是判定某存在物能否成为一般等价物的根据和标准。数字化货币的四个基本职能——价值尺度、流通手段、贮藏手段、支付手段——都是一般等价物功能的外在表现，并且这四个职能相互联系，共同构成了数字化货币的完整功能。

作为一般等价物的数字化货币的四个基本职能具体表现为：

第一，价值尺度职能是要解决一般等价物中的"等价"的度量问题。通过一般等价物这个共同尺度，不同商品的价值可以得到量化，从而相互比较。这个职能为商品的价值提供了统一的计量标准，使不同商品之间的交换关系变得清晰可见，不同商品的价值可以相互比较和换算。单位货币的价值量一旦确定，就可以用来计量所有物品的价值，从而简化了价值表现的形式，促进了商品交换的发展。

第二，流通手段职能关注的是一般等价物在商品交换中的实际应用，解决"等价各方的关系"问题与物品之间交换的便捷性问题。通过货币这个媒介，可以轻松完成不同商品的购买和销售，而无须找到有双重需要的交换伙伴，这大大提高了市场的流通效率和经济的活跃度，是经济发展和生产力进步的需求。同时，它不仅使物质交往关系变得更加紧密和高效，也体现了人类社会交往方式的进步和人类文明的发展。

第三，贮藏手段职能体现了货币作为一般等价物的稳定性和保值性。货币作为社会财富的一般代表，可以被保存起来以备不时之需。这实际上解决了一般等价物中的"一般"问题，即货币可以作为一种被普遍接受的财产形式进行贮藏。这种贮藏功能不仅反映了货币的价值稳定性，也体现了人们对未来经济活动的预期和规划。通过将财富转化为货币，个人和企业可以跨时间保留其购买力，规划未来的消费或投资。这种功能使货币成为一般性财产的代表，能够在将来换取各种商品和服务。

第四，支付手段职能是建立在货币作为一般等价物的三个基本职能基础上的货币职能的扩大化和具体化。货币只有在能够度量价值、成为交易媒介和作为财富的情况下，才能成为人们日常生活中的物质交往和精神交往的手段、桥梁和工具，如买卖、转账、结算、储蓄、兑现、消费、贷款、跨境支付、转移支付、工资、缴费、奖励、慈善捐赠等。

总体而言，价值尺度、流通手段、贮藏手段、支付手段这四个职能从不同维度展现了数字化货币作为一般等价物的内在属性，共同构成数字化货币作为一般等价物的本质特征。

（二）数字化货币作为一般等价物的"物"是什么？

货币在人类发展史中表现为各种不同的形态，比如实物货币（粮食、家畜、海贝）、金属货币（金、银、铜）、纸币，这些传统货币作为一般等价"物"是有形的、实物的东西。而在数字化货币（包括电子货币、私人加密数字货币、央行数字货币）的背景下，这个"物"是数字化的、无形的。它代表的是货币价值的数字化表示，而非实物形式。但是我们认为数字化货币作为一般等价物的"物"不是无形的"电子或数字"。那么，这个非实物形式的数字化货币作为一般等价物的"物"究竟是什么？

数字化货币作为一般等价物之"物"，是无形的、非实体的，存在于电子设施和网络世界中。这个"物"肯定不是"电子"或"数字"，而是由数字化货币的价值形态的"质"和"量"共同构成的统一体。这个"质"就是"抽象的人类劳动"，是人类的劳动心血和汗水的凝结，就是货币的"价值"。这个"量"，就是"价值量"，但是用"社会必要劳动时间"来衡量价值量在实际应用中难以准确把握，现在一般用单位货币的购买力来确定和计量货币的价值量。

长期以来人们常说，"黄金是天然的货币"，这句话反映了一个认识误区，即作为一般等价物的黄金似乎具有了作为一般等价物的各种条件：稀有、硬度适中、密度大、生产获得困难等。我们通常认为一般等价物的"物"指的是金属货币，传统上金属货币如金和银被视为一般等价物，因为它们具有普遍接受性、稳定性和方便携带等特性。它们在商品交换中充当被普遍接受的等价物，可以与其他任何商品直接相交换。但是，货币本质上不是必然的金本位或银本位，货币与金银不能等同，想象中的货币也不是金银，货币作为一般等价物的本质不是货币物质形态，而是价值形态。所以，数字化货币作为一般等价物的本质是一种价值形态，是由数字化货币的价值和价值量构成的统一体。在实际的经济社会活动中，数字化货币的所有货币形态的本质也都主要表现为四大基本职能，即价值尺度、流通手段、贮藏手段、支付手段。

（三）数字化货币的普遍接受性

货币的普遍接受性，有时也被称为"普遍认可性"或"广泛接受性"，是货币内在的共同属性。这一属性指的是货币在执行其基本职能(价值尺度、流通手段、贮藏手段、支付手段)时,能被社会大众广泛接受和使用。在现代社会,这一属性变得格外重要。

因为货币的普遍接受性建立在社会成员的共识之上。无论是传统的纸币、硬币,还是数字化货币,它们之所以能作为交换媒介,关键在于人们普遍认可并接受其作为流通手段和支付手段的价值。

法偿性是货币普遍接受性的一个重要法律保障。在很多国家,数字化货币之所以被广泛接受,是因为它具有法偿性,也就是货币被认为是一种合法和有效的支付方式,可以用来清偿债务或完成交易。也就是说,数字化货币的普遍接受性在很大程度上需要由政府的强制力保障。

货币的普遍接受性还依赖于其价值的相对稳定性。如果一种货币经常大幅贬值,人们就会失去对它的信心,不愿意接受和持有,这会削弱其作为流通手段的职能。因此,维持数字化货币价值的稳定性是确保其普遍接受性的关键。

数字化货币的接受程度还受到网络效应和聚集效应的影响。也就是说,当越来越多的人接受并使用一种货币时,这种货币的价值和实用性就会增加,从而吸引更多人使用。这形成了一个正反馈循环,进一步加强了货币的普遍接受性。

在现代经济中,不同国家和地区的货币普遍接受性存在差异。例如,美元因为其背后强大的综合国力和国际贸易地位,成为全球广泛接受和使用的货币之一。而一些国家的货币可能仅在本国内部被广泛接受,甚至在本国内部也面临接受度较低的情况。在全球化和数字化的背景下,数字化货币的普遍接受性还受到跨境支付系统和数字化货币发展的影响。

二、电子货币的本质属性

本书的"电子货币"是对"电子支付系统中的数字化货币"的简称,特指通常由政府、私人或企业发行的,以电子账户的形式存在于电子支付系统中的数字化货币。它不像传统的纸币和硬币那样具有物理形态,而是以数字化的方式存在于电子设备或网络中,但它的使用往往与想象中的现金挂钩。电子货币可以用于各种交易,包括在线购物、线下扫码支付、转账等。电子货币通常通过加密技术和安全协议来保护用户的财务信息和交易安全。它可以以多种形式存在,包括银行电子账户余额、支付应用中的预付款等,这些电子货币通常存储于电子钱包等工具中。

(一)电子货币与传统现金的区别

电子货币与传统现金在多个方面存在显著差异。随着科技的进步和社会的发展,电子货币的使用越来越广泛,逐渐成为现代生活的重要组成部分。电子货币与传统现金的区别主要体现在它们的物理属性、交易方式、存储方法、便捷性、可追溯性和隐私程度、跨境使用、大众接受度等方面。

从物理形态来看,电子货币是数字形式的,需要通过电子设备和网络进行交易。而传统现金(如硬币和纸币)是物理存在的,它是有形的,可以直接触摸、看到、持有,以及可以进行面对面交换,而不依赖于电子系统。

从交易方式来看,电子货币通常需要通过电子网络空间和渠道进行交易,如通过银行系统、支付平台或加密货币网络等第三方进行验证和记录。这增强了可追溯性,但在某种程度上削弱了匿名性。而传统现金允许匿名、直接的交易,交易双方不需要依赖第三方进行验证或处理。

从存储方式来看,电子货币存储在电子账户、数字钱包或云端,可以减少物理存储的风险,但可能面临黑客攻击或技术故障的风险。而传统现金需要物理空间存储,并存在被盗或损毁的风险。

从便捷性来看,电子货币支付可以迅速完成交易,不受地理位置的限制,只要有互联网连接就可以随时进行。在互联网环境下,电子货币可以实现实时交易,无论是国际还是国内,都可以避免传统银行系统中存在的延迟和烦琐的手续。而传统现金在大额交易和跨境交易时需要交易双方在同一地点携带和保管纸币或硬币,不够便利。

从可追溯性与隐私性来看,电子货币交易通常被记录在数据库中,电子货币支付可以提供详细的交易记录，这方便了用户追踪和管理自己的财务状况。这些记录是可追溯的，影响用户的隐私保护，当然电子货币交易通常基于加密技术，可以提供更高的隐私保护。传统现金的交易较难追踪，提供了较高的隐私保护，但传统货币体系的某些环节在透明度和安全性方面存在潜在的弱点，传统银行系统可能需要披露更多的个人信息，也有隐私泄露的安全风险。

从成本和跨境支付来看，电子货币特别适合在线交易和国际转账。因为它不受地理限制，转账速度快，交易成本低，甚至在某些情况下可实现零成本支付和转账。因此，电子货币在跨境支付和国际交易方面具有明显的优势。许多电子支付平台都支持多种货币结算，使跨境交易变得更加便捷，促进了国际贸易和全球化进程。传统现金交易通常需要携带和保管纸币或硬币，或需要通过银行、货币兑换服务等中介机构完成，在跨境交易时往往需支付高额手续费，极为不便。

从大众接受度来看，电子货币的接受度逐渐提高。电子货币支付在全球范围内越来越普及，如中国的电子货币在线上购物、数字化服务中基本普及。电子货币适应了数字经济的需求，因此电子货币可能在某些领域比传统现金更有效率，在一些与数字化、自动化和全球化紧密相关的领域，电子货币可能会展现出更大的优势。它可以提供更高效、安全且便捷的支付和交易手段。但不同国家的人对于支付方式的选择往往受到习惯、文化和信任度的影响，在某些地区或人群中电子货币可能仍存在接受度问题。在大多数国家，传统现金在实体商店、超市和服务行业等日常消费场景中仍然占据主导地位，并且它在小额交易中被普遍接受。虽然电子货币的普及度正在提高，但传统现金在许多地区和场合仍然是必需的，尤其是在那些电子货币支付基础设施不够发达的地区和国家。并且在某些群体中，传统现金仍然更受欢迎。例如，一些老人可能更信任传统的现金交易，认为它更稳定、更可靠；而年轻一代则更偏好电子货币支付，因为它具有便利性和现代感。

总体来说，电子货币与传统现金可以依其不同优势在不同领域和场景中互补使用。在不同的情境下，人们可能会选择使用适合自己需求的货币形式。在数字经济的背景下，电子货币可能在某些领域比传统现金更有效，特别是在需要高效、快速的全球性交易场景中。然而这并不意味着传统现金会完全消失或失去其功能。无论数字化货币将来发展到何种程度，其并不一定会完全取代传统现金，而是更有可能在很长的一段时间内与传统现金共存，互为补充。传统现金在日常交易、政府财政收支，以及非数字化领域仍可能占据主导地位，它仍可能因其稳定性和普遍接受度在可预见的未来保持重要地位，特别是在确保金融系统稳定和应对数字化带来的风险方面。传统现金是人类长期探索货币发展的自然产物，是人类达成的一种稳定的共识货币，通常由国家支持，其价值稳定性较强。在经济危机或不稳定时期，人们可能更倾向于信赖实体形态的传统现金而非数字化货币。

但不可否认的是，电子货币的普及深刻改变了人们的经济活动方式、生活方式、思维方式，促进了经济的数字化转型，提高了金融系统的效率。随着技术的发展和数字经济的不断扩张，电子货币支付预计将进一步渗透到更多的支付场景中。电子货币的优势将越来越明显，而传统现金的使用范围可能会逐渐缩小，并且可能加剧数字鸿沟，即那些无法获得或不会使用电子货币支付工具的人群可能会被边缘化。同时，随着私人加密数字货币和央行数字货币等新型支付方式的出现，支付领域可能会出现更加复杂的变化。传统化和数字化更可能是并行发展的路径，电子货币与传统现金将在现代金融体系中长期共存，满足多样化的支付需求。更进一步来说，我们可能在未来会见证更加多元和动态的货币生态系统。

（二）电子货币的本质属性

电子货币作为一般等价物之"物"，是无物理实体的，存在于电子设施和网络世界中。这个"物"是由电子货币的价值形态的"质"和"量"共同构成的统一体。其中"质"就是"抽象的人类劳动"，包括生产过程中投入的人类的体力劳动和脑力劳动，人类劳动凝结了货币的"价值"。而其中的"量"，即"价值量"，最终表现为电子货币形式，反映了生产该商品所需的社会必要劳动时间。

所以，电子货币作为一般等价物的本质是一种价值形态，是由电子货币的价值和价值量构成的统一体。在实际的经济社会活动中，电子货币的本质主要表现为价值尺度、流通手段、贮藏手段、支付手段。电子货币具有一定的接受性和应用性，随着电子技术、互联网和数字技术的发展，电子货币被越来越广泛地接受和应用。它不仅被用于在线购物和远程支付，还渗透到日常生活的方方面面，如交通出行、餐饮娱乐等。但是电子货币不具有广泛的普遍接受性。在中国，电子货币拥有较高的普及率，大量人群使用电子货币，而其他国家的电子货币支付可能刚刚起步或正在逐渐被大众接受。

此外，电子货币还具有一些特有的属性，这些属性通常是与其数字本质和使用环境相关联的。

第一，电子货币是电子化、数字化存在形式。电子货币是以电子数据（如二进制数据）的形式存在的，通常被存储在银行的计算机系统中，或者个人电子设备上，如智能手机、电子钱包等。这种电子化存在形式使得货币的存储、转移和交易更加便捷和高效。

第二，电子货币依赖于数字网络世界。电子货币的使用和流通完全依赖于电子计算机技术和通信网络。通过电子技术和网络，电子货币可以在不同的账户之间快速转移，实现即时支付和结算。

第三，电子货币具有安全性和隐私性。电子货币系统通常采用先进的加密技术和安全措施来保护交易安全和用户隐私。这些措施包括数据加密、身份验证、访问控制等，在一定程度上保障了电子货币在传输和存储过程中的安全性。

第四，部分电子货币具有法定货币的属性。在一些国家或地区，电子货币已经被赋予法定货币的地位，与现金具有同等效力。这意味着电子货币可以用于购买商品和服务，偿还债务，以及具有价值储存功能。此外，电子货币还受到国家法律法规的监管和保护。

了解电子货币的本质属性对于把握其在现代经济中的作用和发展趋势具有重要意义。随着技术的进步和市场的发展，电子货币将继续演变，其属性和功能也可能发生相应的变化。

（三）电子货币的价值尺度的度量问题

1. 价值尺度是货币最基本、最重要的职能

价值尺度作为货币最基本、最重要的职能，是指货币反映其他一切商品是否具有价值和衡量其价值量大小的职能，它允许货币作为衡量和表达商品与服务价值的标准单位。作为价值尺度，货币把一切商品的价值表现为统一价值单位的量，使它们在质的方面相同，在量的方面可以比较。货币之所以能执行价值尺度职能，源于其自身作为商品所具有的价值。当货币表现商品价值时，商品内在价值外化为价格即商品价值的货币表现形式，也是物化于商品中劳动的货币体现。

为了用货币来衡量商品价值量的大小，必须给货币本身确定一种计量单位。如人民币的"元"，英镑的"镑"等。通过一定数量的货币表现出来的商品价值，叫作价格。货币执行价值尺度职能，就是把商品的价值表现为一定的价格。各种商品价值都能用货币衡量，表明价值的质是相同的，量是可比的，货币本身也是有价值的。货币执行这一职能，不需现实货币，人们可以在观念上用货币来衡量商品价值，如商品标价。

当货币充当价值尺度时，它提供了一个共同的衡量标准，使得不同商品和服务的价值可以用一个统一的、可比较的数值来表示。这极大地简化了市场中的交易过程，提高了经济效率。以下是价值尺度功能的几个关键点：

第一，价格表达的功能。通过将货币作为价值尺度，所有商品和服务的价值都可以用货币单位来表达。这使得价格成为商品和服务之间相对价值的反映，促进了市场上的信息传递和资源配置。

第二，可计算的功能。价值尺度功能允许进行成本、收益和利润的计算，这对于经济决策、会计记录和财务报告都是必不可少的。

第三，契约编制的功能。在订立合同或协议时，价值尺度功能使未来的支付、债务或资产价值可以用货币来预先确定和记录。

第四，比较不同时间和地点的价值的功能。货币作为价值尺度，使得不同

时间和地点的经济价值可以进行比较，这对于投资决策、经济规划和政策制定等都有重要意义。

第五，经济分析和统计的功能。通过货币这一统一的价值尺度，可以对经济活动进行量化分析，形成诸如GDP、通货膨胀率等重要经济指标，为政策制定和经济预测提供依据。

值得注意的是，虽然货币提供了一个方便的价值尺度，但它本身的价值也可能随着时间变化，如在通货膨胀或通货紧缩情况下，货币的购买力会发生变化。因此，虽然货币可以作为短期内稳定的价值尺度，但在长期或极端经济状况下，货币价值的稳定性也需要受到关注。

2. 电子货币的价值尺度职能

当我们聚焦电子货币（如支付宝内的货币）作为价值尺度的职能时，我们实际上在讨论的是如何将传统法定货币的价值尺度功能转化为电子形式，并通过数字平台执行这一职能。在这个框架下，电子货币的价值尺度职能体现在以下几个关键方面：

第一，价值的数字表示。电子货币将法定货币的价值转换为数字形式，允许用户在电子平台上表示和管理这些价值。这种数字化不仅保留了货币的基本价值尺度功能，还使其更易于在数字经济中流通和使用。电子货币通过数字化的方式，为商品和服务提供了一个统一的、可量化的价值衡量标准。例如，在支付宝、微信支付等平台上，每一笔交易都以具体的数字金额来表示，这使买卖双方能够清晰地了解商品或服务的价值，并据此进行交易决策。

第二，价格的准确表达。在电子支付平台上，商品和服务的价格用电子货币表示，确保了价值的精确表达和传递。消费者可以清晰地看到价格，并用电子形式的货币进行支付，这个过程准确体现了电子货币作为价值尺度的作用。

第三，价格信息即时传递。电子支付系统凭借即时数据传输和处理能力，确保市场信息快速流通。在电子支付平台上，商品和服务的价格变动可以迅速传递到整个系统，使市场参与者及时掌握交易价值状况，快速响应经济环境变化，显著提升交易透明度和效率。

第四，经济决策的基础。在电子货币支付环境下，企业和个人依赖于价值尺度来做出经济决策。电子货币提供了一种便捷的方式来测量、比较和交换价值，从而支持各种经济活动的决策过程。消费者可以轻松比较不同商品或服务的价格，从而根据自身的需求和预算做出最优的选择。这种价值比较的功能进一步强化了电子货币作为价值尺度的作用。

第五，交易记录的透明性。电子支付系统提供了详细的交易记录，这些记录以数字货币的形式表达了交易的价值。这不仅为用户提供了一个跟踪和管理资金的工具，也增强了货币作为价值尺度的透明性和可靠性。

通过上述功能，电子货币在维持其作为价值尺度职能的同时，适应了数字时代的需求，提供了更高效、透明的经济交易方式。虽然电子货币本质上仍然依赖于传统货币的价值，但它们的电子形式为价值的度量和交换提供了新的维度。

3. 电子货币与传统货币的价值尺度职能比较

电子货币的价值尺度职能与传统法定货币在核心功能上是一致的，都是为了提供一个衡量和表达经济价值的标准。然而，在执行方式和效率上，两者存在的差异有以下几点：

第一，数字化与即时性。电子货币通过数字化平台运作，能够实现即时的价值转移和记录。这与传统的法定货币，特别是纸币和硬币在物理形态下的流通相比，大大提高了效率。电子支付系统可以瞬间完成价值的传递和记录，而传统支付方式则需要更多时间和物理过程。

第二，便捷性与可访问性。电子货币支付简化了交易流程，用户可以在任何有网络连接的地方进行交易，无须携带实体现金或前往银行。这种便捷性和可访问性较难通过传统货币实现。

第三，透明度与追踪性。电子支付系统通常可以提供详细的交易历史和记录，提高了价值流动的透明度。用户可以轻松追踪自己的资金流向和历史交易。而在传统货币系统中，一旦现金交易完成，追踪其流向就变得相对困难。

第四，全球互联与跨境支付。电子货币能够支持快速、低成本的跨境支付，使价值尺度职能可以跨越国界有效执行。而传统法定货币在跨境支付时面临汇率转换、手续费高和处理时间长等问题。

第五，对经济活动的即时反馈。电子支付系统能够提供实时的经济数据和市场反馈，这对于理解和分析经济活动非常有价值。而传统货币系统在经济数据的收集、整理和发布方面效率相对较低。

第六，安全性与风险性。虽然电子支付系统有着高级的安全措施，但它们面临着网络安全威胁、数据泄露和欺诈等风险。相比之下，传统货币的风险更多集中在现金的物理损失上。

总的来说，电子货币在执行价值尺度职能时提供了更高的效率、便捷性和透明度，但同时也带来了新的技术风险和挑战。传统法定货币虽然在某些方面更为稳健，但在效率和便捷性上无法与电子货币相比。这些差异反映了两种货币体系各自的特点。

（四）电子货币流通手段职能的新变化

1. 货币的流通手段

货币的流通手段是其最基本和核心的职能之一。这一职能使货币成为经济活动中商品和服务交换的媒介，极大地简化了交易过程，提高了市场的效率。

在没有货币的交换系统中，人们必须依赖物物交换或称实物交换，这要求交易双方拥有相互需要的商品或服务，这种需求的巧合往往难以实现，导致交易成本显著增加。作为流通手段，货币解决了物物交换中的困难，特别是当交易双方的需求恰好不匹配时。货币的出现使买卖可以分离进行，即卖方可以先将商品换成货币，然后再用这些货币去购买自己需要的商品。这种"一手交钱，一手交货"的方式简化了交易过程，提高了市场效率。

货币的流通手段职能体现在其作为价值转移的工具上。在商品交换中，货币不仅表示了商品的价值，还允许价值在时间和空间上进行转移。在不同的经济活动中，货币能够代表商品和服务的价值，实现价值的快速、灵活转移。通过货币的媒介作用，商品的价值得以从卖方传递到买方，完成交易过程。

作为流通手段，货币像经济活动中的润滑剂，帮助各种商品和服务在经济系统中顺畅流动，促进资源的有效配置和利用。但流通中货币的过度供应可能导致通货膨胀，供应不足则可能引发通货紧缩。这些问题都可能对经济的稳定发展产生负面影响。因此，货币政策的制定和执行在维护货币流通手段职能的稳定发挥方面起着至关重要的作用。

在现代经济中，货币的流通手段职能更加多样化。除了实物货币，还有电子货币、数字货币等多种货币形式在发挥这一职能。这些新型货币形式的出现进一步提高了交易的便捷性和效率。这一职能是货币区别于其他金融资产的关键属性，也是其能够在经济中发挥中心作用的基础。

2. 电子货币流通手段职能的新变化

电子货币的流通手段职能是指其作为在经济活动中促进商品和服务交换的媒介。与传统货币作为流通手段的职能相比，电子货币在执行这一职能时展现出独特的特点和优势。

电子货币具有高速流通的特点。它可以实现几乎即时的转账和支付，这使得资金流通速度大大加快。无论是在线购物、账单支付还是跨境转账，与传统的现金或支票支付方式相比，电子支付系统能提供快速流通的解决方案，显著提高了资金的流通效率。

电子货币在跨空间交易方面有极大的优势。它打破了传统货币流通的地域限制，使全球范围内的商品和服务交换变得更加容易。无论交易双方身处何地，只要接入互联网，就可以使用电子货币进行交易。电子货币支付简化了跨境交易的复杂性，提供了更为高效和经济的手段来处理国际支付，提高了全球贸易的便利性和效率。

电子货币的普及极大地促进了电子商务的快速发展。电子货币是电子商务的重要基础，它为消费者提供了在线购物的便捷支付方式，同时也为商家提供了扩大市场、拓宽销售渠道的机会。

电子货币支付降低了交易的直接成本和间接成本。一方面，电子货币支付减少了物理现金交易的需要，降低了交易的直接成本，如印制、运输、保管现金的成本。在数字化经济中，减少物理现金流通的需求不仅提高了效率，还有助于降低整体的经济交易成本。另一方面电子货币降低了间接成本,如时间成本和交易不便的成本。

电子货币增强了交易的可追踪性。与现金交易相比,电子货币支付提供了更好的记录和追踪功能。每笔交易都会被系统自动记录,这不仅方便用户管理财务,也有助于提高资金流通的透明度,减少欺诈和洗钱等非法活动。许多电子支付系统采用了先进的加密技术和安全措施,确保交易过程中的资金安全和信息安全。这降低了交易风险,增强了交易双方的信心。

虽然电子货币在流通手段职能上有众多优势,但它也面临着网络安全、隐私保护、技术依赖和监管适应等挑战。合理应对这些挑战将对电子货币未来的发展及其作为流通手段职能的持续优化起到关键作用。

总的来说,电子货币以其独特的优势在商品交换中发挥着越来越重要的流通手段职能,推动了现代经济的数字化进程。

（五）电子货币贮藏手段职能的新特点

贮藏手段是货币的一种基本职能,指的是货币退出流通领域,作为社会财富的一般代表被保存起来的职能。电子货币的贮藏手段职能,在现代经济体系中扮演着重要角色。

1. 传统货币的贮藏手段职能

传统货币的贮藏手段职能意味着货币可以作为财富的一种保存形式,让人们能够储存今天的购买力以供将来使用。这一职能对于经济活动的稳定和个人财务规划至关重要。

传统货币可以作为财富保存,为未来支付做准备。它使个人和企业能够将其收入或利润保存下来,在未来进行消费或投资。这种行为有助于规划长期财务目标,如教育、医疗、退休或大型投资项目。

传统货币通过贮藏可以抵御风险。在经济不确定性或个人生活中遇到预料之外的情况时,货币作为贮藏价值的功能可以为个人或企业提供安全缓冲。例如,人们通常会储备一定现金（或等价物）来应对失业、紧急医疗等突发事件。

传统货币的贮藏价值来源于货币价值相对的稳定性。尽管货币的价值会受通货膨胀等因素的影响出现波动，但与实物资产或某些金融产品等的贮藏价值相比，传统货币的价值通常被认为更稳定。在经济稳定的环境中，货币能够相对保持其价值，使人们愿意持有货币而非立即消费。

传统货币的贮藏价值还来源于大众共识下的普遍信任和普遍接受。传统货币之所以能够具有贮藏手段的职能，很大程度上依赖于人们对其持续价值的普遍信任。政府和中央银行的货币政策、经济稳定性以及法律框架都是维护这种信任的关键因素。

然而，需要注意的是，货币本身的贮藏价值并不是绝对的。通货膨胀、货币贬值或经济危机都可能侵蚀货币的实际购买力。人们通常也会考虑将多样化的资产投资，投资股票、债券、不动产、大宗商品或其他可以对抗风险的投资工具，作为补充或替代货币贮藏的方式。

2. 电子货币贮藏手段职能的新特点

电子货币在承担贮藏手段职能时展现了一些与传统货币不同的新特点，虽然其贮藏目的与传统货币相同。电子货币的贮藏手段职能受其独特属性的影响，展现出新的动态和挑战。

电子货币是以电子形式存在的，这使得其贮藏方式发生了根本性的变化。传统货币需要物理空间进行存储，而电子货币则是通过数字账户或电子钱包进行存储，这种方式不仅节省了物理空间，还增强了存储的安全性。

电子货币的贮藏价值在很大程度上依赖于数字技术的安全性。如果说传统货币面临毁坏、伪造、盗窃等物理风险，那么电子货币则需要对抗黑客攻击、网络诈骗和系统故障等威胁。加密技术和安全协议的进步有助于加强电子货币的安全性，但同时也要求用户具备一定的技术知识和防范意识。

电子货币的贮藏价值还与其广泛的接受性和快速的流动性密切相关。随着电子支付系统的普及和网络技术的发展，电子货币在日常交易中的使用越来越广泛。这种广泛的接受性和快速的流动性使电子货币成为一种更加便捷和高效的流通手段和支付手段，能够随时满足人们的交易和支付需求，但弱化了电子货币的贮藏手段职能。电子货币使用户可以迅速访问和转移自己的电子资金，增强了资金的流动性和使用便捷性，但也可能促使人们更频繁地交易和消费，而不是长期贮藏。此外，电子货币易于参与各种金融服务和产品集成，如在线投资平台、贷款服务和保险。这意味着用户不仅可以贮藏电子货币，还可以方便地将其投资于各种金融工具中，以寻求增值。

总的来说，尽管电子货币相比传统货币更为安全，且具有更加便捷和高效的流通手段和支付手段职能，但它的贮藏手段职能还面临挑战。贮藏手段职能强调的是资金能够在时间的推移中保持其价值，供将来使用和抵御风险，但电子货币作为贮藏价值工具的效能还不具有在长期内维持贮藏价值，使人们更愿意长期持有而非立即消费或投资的能力。

（六）电子货币的支付手段职能的革命

1. 传统货币的支付手段职能

传统货币的支付手段职能是指货币在商品经济交易中充当媒介。这一职能体现了货币作为交换价值的代表，即货币在商品和服务的买卖过程中起到了桥梁的作用。

首先，传统货币的支付手段职能表现在清偿债务上。在经济社会中，人们常常会产生各种债务关系，如借贷、购买商品时的赊销等。货币作为一种被普遍接受的支付工具，可以用来清偿这些债务，使债权债务关系得以解除。

其次，传统货币的支付手段职能还体现在支付赋税、租金、工资等方面。在这些使用场景中，货币作为价值的尺度，可以方便地衡量和确定应支付的金额。同时，由于货币具有广泛的接受性和流通性，支付过程更加便捷和高效。

最后，传统货币的支付手段职能还促进了商品的生产和流通。在商品经济中，货币的出现使商品的价值得以量化，并且可以通过货币支付来实现商品所有权的转移。这大大简化了商品交易的复杂性，加快了商品的流通速度，从而推动了社会经济的发展。

然而，需要注意的是，传统货币的支付手段职能也受到了一些限制。例如，在某些情况下，货币的流通可能受到地域、时间等因素的限制，导致支付过程的不便或延误。并且随着科技的发展，电子货币支付等新型支付方式的出现也在一定程度上对传统货币的支付手段职能产生了影响。

总的来说，传统货币的支付手段职能是货币在经济交易中不可或缺的一部分，它促进了商品的生产和流通，简化了交易过程，并为社会经济的发展提供了有力的支持。

2. 电子货币支付手段职能的革命性的变化

电子货币的支付手段职能继承并扩展了传统货币的基本功能，它利用数字技术提高了支付的效率、便捷性和安全性。这些特性使得电子货币相对于传统货币具有几个革命性的变化，这些变化不仅优化了支付流程，还扩展了货币功能的边界，促进了新的经济活动和模式的出现，使货币的支付手段职能在现代经济中变得日益重要。以下是电子货币支付手段职能革命性变化的几个关键方面。

电子货币支付大幅度提高了交易速度。电子货币允许通过计算机网络系统快速完成交易，克服了传统货币因地理位置限制而造成的交易延迟。在线支付可以瞬间完成，无论是国内还是国际交易，都能实现即时到账。这种实时支付的能力大大加快了商业活动的节奏，提高了资金的使用效率，同样也提高了经济活动的效率。

电子货币支付有高度的便捷性。用户只需通过电子设备（如智能手机、电脑等）和网络连接，就能随时随地完成支付操作，无须携带现金或银行卡。同时，电子货币支付还支持多种支付方式，如二维码支付、NFC近场支付等，满足了用户多样化的支付需求。在许多情况下，即使是不便访问传统银行服务的用户也可以通过电子货币支付参与经济活动。

电子货币支付增强了安全性。电子支付平台通常提供多重安全措施，通过加密、双重认证和反欺诈监测等技术保护用户的资金和信息安全。例如，通过生物识别技术（如指纹识别、面部识别、掌纹识别）进行身份验证，大大增强了支付的安全性。尽管网络安全风险依然存在，但相对于传统货币面临的偷窃、伪造、丢失或损坏的风险,电子货币支付在很多方面提供了更高的安全保障。

电子货币具有微支付能力。它能够处理极小额的支付,这在传统货币系统中往往不可行或成本过高。电子货币具有的微支付能力对于数字经济中的微小交易至关重要,为新的商业模式和消费模式提供了基础,如在线内容付费、微额捐赠或打赏等。

电子货币支付推动了金融服务的普及,扩大了金融服务的范围。尤其是在传统银行网络未能深入的地区,通过手机或互联网连接,更多人能够访问到支付服务,这在传统银行体系中是难以实现的。

电子货币的支付手段职能具有全球化的特点。传统跨境支付往往涉及复杂的银行手续、高昂的费用和长时间的等待。而随着电子商务和跨境贸易的蓬勃发展,电子货币能够轻松跨越国界,实现全球范围内的支付和结算。电子货币简化了跨境交易,减少了汇率转换和跨境手续费,使全球贸易和投资更为便捷。这不仅促进了国际贸易的便利化,也推动了全球经济的紧密融合。

此外,电子货币支付生成的大量数据可以用于风险管理、信用评估和个性化金融产品开发,这些都是传统支付方式难以提供的。电子货币作为数字资产,具有可编程的特性,这意味着它们可以被编程来执行复杂的金融操作,如智能合约和自动化支付。这种智能化潜力为金融创新和新型商业模式的出现提供了广阔的空间。

总之,电子货币是数字经济的基石,电子货币支付的普及也促进了数字经济发展。它支持了电子商务、在线服务等各类数字交易,推动了数字经济的繁荣。电子货币的支付手段职能强化了传统货币的功能,同时引入了新的特性和优势,这些都是传统货币系统难以企及的。这些革命性变化表明,电子货币支付手段职能不仅是传统货币功能的延伸,更是支付方式和金融服务领域的一次重大创新,它重新定义了货币的支付手段职能,并为经济活动提供了更广阔的舞台。

三、私人加密数字货币/比特币的本质问题

1903年,美国人类学家威廉·亨利·弗内斯(William Henry Furness)在《石币之岛》一书中记载,太平洋加罗林群岛的雅浦岛存在一种在名为"Fei"的石轮上做标记的货币交易风俗。雅浦岛由于不产金属,其居民需要去离岛400英里远的帕劳岛上找石灰岩运回雅浦岛制成石币"Fei"。由于运输成本高昂,这些石币的大小各异,居民们便根据石头的大小来确定其币值。因石币交易携带不便,卖家便在买家的石币上做标记,以此作为所有权转移的凭证,而石币本身并不移动。

比较石币与比特币,我们会发现石币需要去离岛400英里远的帕劳岛上找石灰岩运回制成,比特币需要付出算力成本;前者在石币上标记,后者用互联网标记;前者石头是账簿,并且得随时更新村民头脑里的"账簿",后者在计算机上更新,并且所有人都能看得到"账簿"。我们甚至会觉得,不论是比特币还是石币,文明社会把金块从地底深处开采出来,运到地下金库,所运行的货币系统本质上与两者的功能是相似的。但它们的本质是一样的吗?本节将以比特币为例,讨论私人加密数字货币能否成为真正的货币。

私人加密数字货币能否成为真正的货币,取决于它是否具备现代货币的五个本质属性,即价值尺度、流通手段、贮藏手段、支付手段和普遍接受性。

(一)比特币的价值尺度职能问题

1. 货币价值尺度职能的四个本质属性

货币的价值尺度职能是指货币作为衡量商品和服务价值的标准或尺度,这一职能要求货币必须具有以下几个重要的本质属性:

第一,价值表达。货币允许商品和服务的价值以数值形式表达,从而使不同商品和服务的价值可以相互比较。货币通过给商品标价,衡量商品的价值大小,使各种商品的价值转化为价格形式,表现为可比较的货币数量。这种表达方式简化了经济交易和价值计算。

第二,单位确定。为了用货币来衡量和比较商品的价值量,货币本身需要

确定一种计量单位,如人民币的"元"、美元的"dollar"等。通过货币单位,人们可以方便地表示商品的价格,进而进行交易和比较。货币计量单位提供了一种标准、便捷的方式来计算和比较经济交易中的价值。这不仅适用于买卖商品和服务,也适用于财务报告、税务计算等多种经济活动。

第三,价值稳定性。理想的价值尺度应当具有相对的稳定性。虽然实际中没有任何货币能够做到绝对稳定,但为了有效地发挥价值尺度的职能,货币的价值不应该出现剧烈波动。在现实中,货币价值可能会受到通货膨胀、货币政策等多种因素的影响而发生变化,尽管如此,稳定性仍然是货币作为价值尺度的重要的本质属性之一。

第四,观念货币。货币在执行价值尺度职能时,并不需要现实的货币,而只需要观念上的或想象的货币。人们可以在观念上用货币来衡量商品价值,如商品标价并不需要实际交付货币。所以,货币的价值尺度只是观念上的价值度量标准。

以上四个属性是货币价值尺度的本质属性,反过来说,如果某物没有这四个本质属性,那么就不能判定该物具有货币的价值尺度职能。同时,私人加密数字货币能否成为真正的货币,首先取决于它是否具有货币这一基本的价值尺度职能。

2. 比特币的价值尺度职能问题

从价值表达来看,比特币可以用来对商品和服务的价值以数值形式进行表达。在比特币被接受为支付方式的情境下,商家和服务提供者会标定一个以比特币计价的价格。比特币可以被分割到非常小的单位,最小到1聪(Satoshi),等于1比特币的一亿分之一,这使它能够表达非常小的价值。比特币允许买家和卖家用它的数量来表达和交换价值,从而实现经济交易。

从计量单位的确定来看,比特币的计量单位是固定的,它允许被分割到很小的单位,以适应各种价值大小的交易。主要的比特币单位包括:比特币和聪。比特币是比特币的基本单位,在交易、投资和定价时,最常用的单位就是比特币本身。比特币的最小单位是聪,这是以比特币的创始人中本聪的姓名命名的。比特币还有其他一些单位，如比特分（cBTC）、毫比特（mBTC）、微比特（μBTC）。在购买一些价值较低的商品或服务时，可能会使用毫比特或聪作为计量单位；而在进行大额交易时，则可能直接使用比特币作为计量单位。比特币单位之间的换算关系是：1 BTC=100 cBTC=1000 mBTC=10^6 μBTC=10^8聪。

从价值稳定性来看，比特币不具有这个价值尺度的本质属性。比特币的价值稳定性问题是其作为货币广泛被接受和使用的一个主要障碍。价值稳定性对任何货币都至关重要，因为价值稳定性允许货币持有者预测其购买力，并据此做出理性的经济决策。而到目前为止比特币不具有相对稳定这个价值尺度的本质属性。

从观念货币的角度来说，比特币可以被视为一种"观念上的"或"想象的"货币。比特币是一种数字货币，不具有传统货币的物理形态。它的存在是基于密码学和去中心化网络的技术实现，而不是基于物理实体。但人们可以在观念上用比特币来衡量商品价值、执行价值尺度职能，它可以被视为观念货币。

（二）比特币的流通手段职能问题

流通手段职能本质属性主要体现在货币作为商品交换的媒介，促进商品价值的实现和转移。货币的出现使人们可以先用货物换取货币，然后再用货币去购买自己需要的物品或服务。这一过程中，货币发挥着至关重要的作用，是现代经济运行不可或缺的要素之一。流通手段的两个主要特点是：属于商品或服务的交换，且是商品价值的实现和转移的媒介或手段。

比特币，作为一种数字货币，具有与传统货币相似的一些基本功能，但在其流通手段职能上体现了它的独特性和一些局限性。

比特币被一些人和机构接受作为支付商品和服务的手段，这体现了它作为流通手段的职能。用户可脱离中央银行与传统金融系统的中介，直接通过比特币完成交易。比特币也可以在个人之间进行转账支付，作为一种价值转移的手段。然而，比特币的接受度并不普遍，它的价值波动性大大高于大多数传统货币，这限制了其作为交换媒介的广泛应用。比特币价值的剧烈波动可能导致接受比特币的商家和消费者面临较高的市场风险，这影响了比特币的普遍接受度和流通范围。

只能说比特币具有一定的流通手段职能,但其应用范围和接受程度仍然受限。关于比特币是否能完全履行流通手段职能,或者说其是否能被广泛接受作为一种流通手段还存在一定的争议和讨论。这主要取决于政府、商家和消费者对比特币的认可程度,以及比特币自身的稳定性和安全性等因素。

总的来说,比特币作为一种交换媒介,在提供新的支付和交易方式方面展现了潜力,但其波动性、接受度和监管环境等因素限制了比特币在广泛经济活动中的流通手段职能发挥。未来比特币若要成为稳定且被广泛接受的流通手段,需要在技术进步、监管完善与市场培育等多方面协同发力。

(三)比特币的贮藏手段职能问题

比特币作为一种数字货币,其贮藏手段职能是一个被广泛讨论和有争议的话题。贮藏手段职能是指货币退出流通领域,被当作独立的价值形式和社会财富贮藏起来,这种职能的基础在于货币作为一般等价物,能够代表并保存社会财富的价值,以便未来用于购买或交换。在这方面,比特币展现出了与传统货币不同的特点。

理论上比特币的供应总量是固定的,根据比特币的设计,总共只有2100万枚比特币会被创造出来,这种稀缺性设计有助于保持其价值,是其潜在的价值贮藏的基础。比特币的总量上限与传统法定货币不同,这意味着比特币不会因为政策变动而面临超出需求的发行,从而在理论上具有抵御通货膨胀的潜力。

比特币技术设计的全球性也增强了其作为价值储藏工具的吸引力。比特币可以轻松地跨越国界进行转移,无须经过复杂的银行系统或受到外汇管制。这使得比特币具有了一种方便且高效的全球价值贮藏手段。

虽然比特币具有某些理论上的价值储藏属性,比如供应上限和去中心化特性,但其在实际应用中受到价格波动性和市场接受度等因素的限制,使比特币的贮藏手段职能存在一定的问题。

比特币被某些群体视为"数字黄金"。比特币是去中心化的,这意味着它不受任何中央机构或政府的控制。许多人将比特币视为一种投资资产，而非传统意义上的货币。他们购买比特币，期望其未来价值上升，而非为了使用它作为交换媒介。特别是在政治或经济不稳定的国家或地区，人们将财富储藏在比特币中，可以作为一种避险资产，用来保护他们的财富，以避免可能的资产损失。在此种情况下，比特币成了一些人眼里的"数字黄金"，它是作为一种新型的金融投资的数字资产被贮藏，而非其货币贮藏手段职能的体现。人们将比特币作为投资资产，单纯期望其未来价值上升而进行的购买行为，在一定程度上影响了比特币价格的稳定性。而比特币价格的波动性是实现其作为贮藏手段职能的主要障碍之一。由于交易活动、监管新闻、市场情绪变化等各种因素，比特币的价格可能在短时间内经历剧烈波动，这增加了比特币价值储藏的风险。此外，比特币是否具有价值储藏工具的有效性在很大程度上取决于市场的接受度。尽管比特币的普及度和认可度逐渐提高，但它仍不像传统货币那样被广泛接受作为交换和价值储藏的媒介。

（四）比特币的支付手段职能问题

比特币的支付手段职能是指其作为交易媒介，在商品和服务的买卖中承担支付的功能。具体来说，比特币可以作为一种数字化货币，被直接用来购买商品或服务，从而完成支付过程。这一职能使比特币在商业活动中具有一定的实用性，为全球范围内的部分交易提供了一种新的支付选择。比特币支付手段职能的特点包括：

第一，去中心化。比特币是一种去中心化的私人加密数字货币，它不依赖于任何中央机构或政府来发行或管理。比特币的去中心化特性使其发行量和价值不受中央机构控制，进而让交易活动能够更自由、更灵活地开展。这种支付方式摆脱了传统金融体系的束缚，对于寻求避免传统金融系统限制或不稳定性的用户极具吸引力。

第二，全球性。比特币允许用户通过互联网进行即时支付，不受地理位置限制，提供了一种无须传统银行系统参与的支付方式，可以在全球范围内进行无障碍流通，这一点对于国际交易尤为重要。这为跨境支付和国际贸易提供了便利，降低了因货币转换而产生的成本和复杂性。

第三，匿名性和隐私保护。比特币交易具有一定的匿名性，可以在一定程度上保护用户的隐私和安全，这在一些需要保护个人身份信息的场景中尤为重要。虽然所有比特币交易都被公开记录在区块链上，但是交易的参与方可以在一定程度上保持匿名。这一特性吸引了对隐私保护有特殊需求的用户，尽管这也引发了关于比特币可能被用于非法活动的担忧。

第四，快速、低成本、不可逆的特性。与传统的银行转账或银行卡支付相比，比特币交易支付通常更快且手续费更低。这降低了交易的成本，提高了交易的效率，但比特币交易一旦被网络确认，就无法撤销。这减少了欺诈的风险，但也要求用户在交易时更加谨慎，确保地址的正确性和交易的意图不会更改。

然而，比特币作为支付手段也存在一些挑战和限制。比特币作为支付手段的一个主要问题就是价格非常不稳定，这种波动性可能导致商家和消费者犹豫是否使用比特币支付，因为在短时间内，它的购买力可能发生大幅变化。商家和消费者在定价和接受比特币支付时面临极大的不确定性。这也导致比特币的知名度虽越来越高，但仍有许多商家和服务提供商不接受比特币支付。这限制了比特币的支付手段职能。同时，全球各国对于比特币的监管态度是不一样的，这在一定程度上影响了其作为支付手段的普及和接受度。在某些国家，比特币的使用受到限制或严格监管，这可能抑制了其支付手段职能的发展。

总体而言，比特币作为支付手段有其独特的优势，尤其是在进行跨境支付和降低交易成本方面。然而，它的支付手段职能还受到其波动性、接受度和监管环境的影响。未来，随着相关技术的发展和更多监管框架的建立，比特币的支付手段职能可能会进一步得到加强和优化。

（五）比特币作为货币的普遍接受性问题

比特币作为货币的普遍接受性是一个复杂的问题，涉及多个方面的考量。虽然比特币在某些社区和市场中获得了显著的接受度，但它在全球范围内作为货币的普遍接受度仍面临挑战。

第一，认知和理解的差异。普通民众对比特币及其工作原理的理解程度差异很大，大多数民众对比特币及其运行机制缺乏了解。许多人对这种私人加密数字货币持怀疑态度，对比特币的安全性和稳定性有担忧，这影响了其普遍接受度。

第二，价格波动性问题。比特币价格的高波动性是其作为货币被普遍接受的一个主要障碍。价格的剧烈波动使商家和消费者难以把它作为计价和交换的稳定媒介。这种不确定性可能导致一些人对将比特币作为真正的货币使用持谨慎态度。

第三，非法定性问题。不同国家和地区对于比特币的法律和监管态度不同，这影响了比特币作为货币的接受程度。一些国家对比特币持开放态度，把比特币纳入法定货币的范围，但多数国家限制甚至禁止比特币的使用，认为比特币不具有法定性，这进一步限制了比特币的普遍接受性。

第四，基础设施和技术门槛问题。接受和使用比特币需要相应的技术基础设施，如数字钱包和加密技术等。对于不具备这些技术基础或不熟悉这些技术的个人和企业而言，这构成了一个准入门槛，是比特币使用的外在障碍。

第五，安全性问题。虽然比特币网络本身被认为具有高度安全性，但用户和交易所还是会面临安全威胁，如黑客攻击和欺诈行为。比特币的匿名性虽然在一定程度上保护了用户的隐私，但也可能被用于非法活动，如洗钱、贩毒等。比特币的安全性仍然是人们一个重要的关切点，比特币存在的潜在安全风险和负面关联影响了一些商家和消费者对比特币作为货币的信任度和接受度。

第六，比特币与传统经济活动的关联性较弱。比特币的价格波动性极大，这与其固定的供应总量和全球市场的需求变化有关。这种价格波动相对较大的特点使得比特币作为一种投资资产具有较高的风险，也让其远离了稳定的传统经济活动。比特币要成为被普遍接受的货币，需要与现有的经济和金融体系更好地整合。目前，比特币仍然被视为一种边缘的支付系统，而非主流经济活动中被认可的可大规模应用的支付系统。

综上所述，比特币虽然在某些领域和社区中获得了一定的接受度，但它若想成为一种被普遍接受的货币，还需要克服诸多挑战。未来比特币的普遍接受性将受到它能否解决上述问题以及宏观经济和监管环境发展的影响。

（六）比特币作为货币和资产的二重性

1. 货币与金融资产的区别

货币与金融资产之间是有区别的，主要体现在它们的定义、属性和目的的不同。

货币与金融资产的定义是不同的。货币是一种交换媒介，它具有价值尺度、流通手段、贮藏手段和支付手段四个主要职能。在现代经济中，货币的形式多种多样，包括现金形式和非现金形式。现金形式一般指纸币和硬币，非现金形式包括支票、银行卡、电子货币、私人加密数字货币、央行数字货币等。金融资产是指一切代表未来收益或资产合法要求权的凭证，也被称为金融工具或证券。金融资产包括所有可以在金融市场上进行交易的金融工具，如股票、债券、基金和其他衍生金融工具等。这些资产具有现实价格和未来估价，并能在市场交易中为其所有者提供即期或远期的货币收入流量。与货币不同的是，金融资产通常不直接用作交换媒介，而是作为投资、储蓄和资本增值的工具。

货币与金融资产的属性是不同的。第一，货币的价值是相对稳定的。虽然通货膨胀或货币政策的变化可能影响货币价值，但人们通常接受并信任货币能够保持长久的购买力。而金融资产的价值通常有更大的波动性，会受到经济状况、市场情绪、利率变动和许多其他因素的影响。金融资产的价值预期是获取收益的主要动力，但巨大的收益也伴随着价值波动带来的巨大风险。第二，货币具有高度流动性，是最容易被用于日常交易和即时支付的。而金融资产的流动性取决于资产的类型和市场条件，如市场的深度、广度、交易成本等。例如，股票和某些债券在开放的市场上相对容易买卖，而一些特定的投资产品，如某些私募基金，可能就难以快速转换为现金。

货币与金融资产的作用目的是不同的。货币的主要目的是促进交易和提供经济活动的媒介。它简化了交换过程，允许经济中的个体和组织轻松购买商品和服务。而金融资产主要用于投资，投资者购买金融资产通常是出于对未来收益的预期，目的是资本增值、收入生成和风险管理。

总之，货币和金融资产在经济体系中扮演着不同的角色，发挥着不同的作用。货币作为交换的媒介，促进了经济活动和交易的便利性；而金融资产则是投资的工具，与资本的增值和风险管理密切相关。理解它们之间的区别对于把握经济活动和进行财务规划都是至关重要的。

2. 比特币作为货币和资产的二重性

比特币既具有货币的某些特性，也符合金融资产的定义，其准确的分类在一定程度上取决于特定的语境和用途。

从货币的角度来看，比特币可以在全球范围内进行点对点的交易，无须依赖传统的银行系统，这使得比特币交易更加自主和便捷。它具有一定的匿名性，可以在一定程度上保护用户隐私，并且可以突破传统国界限制进行跨境支付，成本相对较低，为国际贸易提供便利。这些特点让比特币在某种程度上承担了支付手段的职能，类似于货币。然而，比特币的价格波动性较大，这影响了其作为货币的价值尺度和贮藏手段的稳定性，并且比特币币值的不稳定性直接影响大众对它的接受程度。因此，比特币普遍接受性仍然有限，多数商家和消费者都不能接受使用比特币支付，这也限制了其作为交易媒介的普及性。

从金融资产的角度来看，持有比特币可能带来资本增值，因此它符合金融资产的定义。比特币具有投资价值，其价格受市场供求关系影响，并能在金融市场上进行交易。可以说比特币价格的剧烈波动是其作为金融资产最显著的特点之一。比特币的价格受多种因素影响，包括市场供需、政策法规、技术创新等，这使得其价格波动性较大。这种波动性既能带来高回报的投资机会，也可能导致投资者面临重大损失。投资者在购买比特币时，更多的是看重其作为金融资产的增值潜力，而非将其作为日常交易的媒介。

此外，从法律和监管的角度来看，很多国家并未承认比特币作为法定货币的地位。这意味着，尽管比特币可以在某些情境下作为支付手段，但它并不具备传统法定货币的所有属性和法律保护。因此，在法律层面上，比特币更接近于一种金融资产。

总的来说，比特币既具有作为货币的交易媒介、一定匿名性和跨境支付等特性，同时也具备作为金融资产的投资价值、可交易性和稀缺性带来的价值属性。这种二重性使得以比特币为代表的私人加密数字货币独树一帜，引发了广泛的关注和讨论。

3. 比特币与黄金作为货币和资产二重性的比较

比特币和黄金之间存在一些显著的相似之处，特别是它们都具有作为货币和资产的双重性质。这种相似性让比特币有时被某些人称为"数字黄金"，反映了两者在某些关键特性上的共通之处。

黄金和比特币都是优秀的价值储藏工具，人们认为这两种资产都能在长期内保持其价值。它们具有一定的稀缺性和耐久性，这是它们被视为贮藏手段的重要原因。黄金作为一种地球上有限的自然资源，由于其物理稀缺性和其独有的物理特性，它在人类历史上长久以来被视为具有价值的贮藏手段。尤其在经济不确定性逐渐增加的时期，人们往往投入资金购买黄金，将黄金作为避险资产。尽管比特币的产生和发展的历史较为短暂，但比特币通过算法限制最大供应量，使其也具有一定的稀缺性。在理论上比特币供应总量不超过2100万枚，被许多人视为一种具有潜在价值贮藏手段的资产，特别是在传统货币面临通胀风险时。

黄金和比特币都有去中心化的特征。黄金作为一种自然资源，不受任何单一政府或机构控制。同样，比特币的去中心化特性意味着没有任何中央机构能够控制比特币网络。这使得黄金和比特币可以不依赖于特定国家或政府的财政健康状况，从而具有在全球范围内广泛被接受的潜力。

黄金和比特币都是投资和投机的工具。投资者通常基于对宏观经济和市场情绪的判断进行买卖，以期获得利润。黄金和比特币都可以在多种交易平台上交易，并且其市场价格受供需关系、市场情绪、宏观经济状况等多重因素影响。

然而，除了以上论述的相似之处，黄金和比特币也存在显著的差异。

黄金有着实实在在的物理形态，而比特币不存在物理形态，是完全数字化的。比特币作为一种完全数字化的资产，其安全性和贮藏方式与黄金有很大不同,需要依赖于复杂的加密技术和网络基础设施。

黄金作为一种长期存在的贵金属,作为一种有几千年历史的资产,是全球公认的主要避险资产,市场规模庞大且影响广泛。它不仅在投资领域广受欢迎,也在珠宝、电子、牙科等多个行业有着广泛的应用。黄金在人类历史中扮演的角色及其价值在全球范围内已经相对稳定。而比特币自2009年诞生以来,尽管其发展迅速,但相对于黄金市场来说仍显年轻,没有经过历史时间的长期检验。比特币市场波动性较大,并且这种价值波动性远高于黄金。作为一种新兴的私人加密数字货币,其作为支付手段的接受度在逐渐提高,但其主要用途还是集中在价值储藏和投机交易上。与黄金相比,比特币在实体经济中的应用仍较有限,它的接受度和使用场景还需要在不断应用中发展。

此外,黄金作为一种全球广泛认可的贮藏财富和投资的媒介,其交易和所有权受到成熟的法律和监管框架的广泛认可和保护。而比特币则处于一个相对不完善的监管环境中。不同国家和地区对比特币的法律定义和监管态度各异,有的完全接受,有的限制性接受,有的完全禁止,各国对比特币使用和监管的不同态度在一定程度上也给比特币的投资和使用带来了更多的不确定性。

(七)改变比特币的固定供应量设计意味着什么?

1. 稀缺性不是现代货币的本质属性

中本聪为了比特币的稀缺性,设计了比特币发放量的固定上限设计,但是,在现代经济体系中,货币的稀缺性并不是其本质属性,尤其是在现代货币理论(Modern Monetary Theory, MMT)的框架下。现代货币体系与传统金本位体系下的货币在本质上有所不同。

现代货币体系建立在非金本位的基础上。现代法定货币不像黄金那样有物质价值支撑,它们主要是基于政府信用发行,不依赖于物理商品的支持,如黄金或白银。法定货币的价值来自政府的信用和它作为缴纳税款和交易媒介的法定地位。

现代货币供应是有弹性的。现代货币体系下,货币供应量不是固定不变的,而是可以根据经济状况的需要进行调整。中央银行可以通过货币政策,如改变利率、开展市场操作等手段来影响货币供应量,以达到控制通胀、刺激经济增长等稳定经济的目的。

在现代货币体系中,信用和债务相互交织,共同构成了现代货币体系的基石。现代经济中的货币在很大程度上是通过银行信贷创造的,这意味着货币的产生与经济主体的债务直接相关。银行发放贷款时创造新的货币,而还款过程则会减少货币供应,这一过程使现代货币体系与信用和债务紧密相关。在现代货币体系中,需要合理控制债务规模和信用扩张速度,以确保经济的健康发展。

现代货币体系的信用基础决定了现代货币的稀缺性是相对的。现代货币不像黄金那样依赖物质价值支撑,而是取决于人们对货币的需求和供应的相对情况,还受到货币体系的信用基础和债务因素的影响。但是现代货币不依赖于黄金价值的稀缺性,不代表它的供应可以是无限的。过度的货币发行可能导致通货膨胀甚至超通货膨胀。因此,尽管现代货币供应具有较高的弹性,中央银行仍需通过货币政策确保货币的价值稳定。

因此,现代货币的价值和稳定性更多依赖于国家的经济实力、政府的信用、法律体系以及货币政策的有效实施,而不是像传统金本位或银本位那样依赖于某种物理资产的稀缺性。这种货币体系为经济管理提供了更大的灵活性,但也需要更加复杂和精细的经济和货币政策来维持货币的稳定价值和经济的健康发展。

2. 比特币发行量固定上限的设计违背了现代货币发展的方向和规律

比特币的供应量被设计为有固定上限的2100万枚,这种上限设计赋予了比特币与黄金类似的稀缺性,也使比特币的理论设计与现代法定货币体系存在显著的差异,特别是在货币供应管理机制上。在现代货币体系下,中央银行可以根据经济状况调节货币供应量,以实现价格稳定、促进就业和经济增长等宏观经济目标。而比特币的固定上限设计限制了这种调节机制的存在,使其无法像法定货币那样,通过调节供应量来应对经济周期变化。

比特币的设计使其价值主要由市场供需关系决定,缺乏中央机构干预价格或调节供应量的手段,也使得比特币对市场情绪和投机行为非常敏感,导致其价格波动性远大于传统法定货币。这种高波动性影响了比特币作为价值尺度的稳定性,进而限制了其作为交换媒介和账户单位的功能。也就是说,虽然比特币被一些人视为"货币",但其价格的高波动性限制了它作为广泛接受的流通手段的职能。因此,在大多数情况下,比特币更多地被视为投资或投机工具,而不是日常交易的媒介。这意味着,尽管比特币在某些社群或地区被用作交易媒介,但尚未能在全球范围内全面履行货币的所有职能。

总之,比特币在理论上的设计,尤其是发行量的固定供应上限,使其在一定程度上不符合现代货币的一些本质特点,不具备相对稳定的价值尺度和有效的流通手段的职能。比特币是否能够发展成为一种被广泛接受的全球性货币,或者其角色是否主要限于资产类别,仍然是一个开放且持续发展的问题。与此同时,比特币的出现和发展对现代货币体系提出了挑战,促使人们重新思考货币的本质和未来的可能性。

3. 改变比特币的固定供应量设计意味着什么?

改变比特币供应量规则的提议是对比特币核心原则的根本性改变,将深刻影响比特币的经济模型和社区共识。若比特币的供应量上限不再是固定的,而是能够根据经济发展情况在一定范围内变动,这将会对比特币本身、用户以及整个私人加密数字货币市场产生深远的影响。这样的改变会使比特币更接近传统的法定货币体系,在某些方面可能带来好处,但也会引发一系列挑战和争议。

如果比特币的供应能够根据经济需求调整,这可能会减少其价格的波动性,提升其价格的稳定性。理论上,增加比特币的供应可以对抗经济增长导致的需求增加,减少供应可以在经济衰退时期帮助比特币稳定其购买力,使其具有像货币一样相对稳定的贮藏手段和流通手段的职能。

但是,调整供应量可能会影响人们对比特币的信任。比特币的去中心化是其核心特性之一,如果比特币的供应能够根据经济需求调整,这样的变化实际上意味着为比特币引入了一种货币政策,类似于中央银行对法定货币的管理机制,这是对其去中心化原则的挑战。这种用于决定何时、如何调整供应量的机制,可能会导致中心化的趋势,甚至引入某种形式的中心化决策机构,这显然与比特币去中心化的初衷相违背。并且如果比特币采用类似传统货币的运行机制,可能会引起监管机构更深入的关注和干预。这种改变可能会使比特币更加符合传统金融体系的运作方式,从而受到严格的法律和监管要求。当前,许多人使用和投资比特币是因为其固定的供应量提供了一种去中心化的、不受传统金融政策影响的特性。如果这一特性被改变,可能会导致一些用户和投资者对比特币失去兴趣,尤其是那些看重其去中心化、稀缺性和不可篡改特性的用户。

若不引入某种形式的中心化实现这种供应量调整,则需要大规模的技术改动,并且需要网络上大部分节点的共识。从技术维度来说,改变比特币供应量的规则意味着需要对比特币的协议进行重大修改,这需要广泛的社区共识。比特币社区是一个由开发者、矿工、投资者和用户组成的多元化群体。对比特币供应机制的任何更改都可能引发社区的分裂,因为不同的人对这种改变可能有不同的看法和利益诉求。考虑到比特币社区在过去对于较小改变都有过激烈的争论,例如SegWit升级和Bitcoin Cash分叉,那么大规模的技术改动的共识通常难以达成,可能会非常具有争议性,甚至导致新的分叉,最终导致比特币社区的分裂。这种分裂可能会导致社区内部的争议和冲突,甚至可能产生硬分叉,即产生一个新的、与原始比特币不兼容的区块链。

总之,在考虑这样的重大改变时,比特币社区、开发者、投资者以及使用者都需要仔细评估这些潜在的影响。虽然理论上调整供应量可以增加比特币作为货币的功能,但同时也可能牺牲比特币现有的一些核心优势和特性。这样的决策需要在广泛的社区共识基础上进行,并考虑所有潜在的经济、技术和社会影响。

(八)如果不能改变比特币的固定供应量,比特币不能成为货币

如果比特币供应量上限不能变,那么,经济活动的动态变化与比特币固定的货币总量之间存在不可调和的矛盾,这一天生的缺陷将导致比特币永远不能

与实体经济相联系,比特币永远不会成为真正的人们日常生活中广泛使用的货币。在这个意义上,比特币虽然是按照货币设计的,但它本质上是金融资产,不是货币。

经济活动需要一种灵活的货币供应,以适应经济增长、消费需求和投资变化。在传统的货币体系中,货币供应量是可以根据经济状况进行调整的,这样货币就可以更好地适应和支持实体经济活动。然而,比特币的固定供应上限使其与实体经济活动之间的直接联系无法变得紧密,无法适应实体经济活动的需求,这限制了其作为货币在实体经济中的灵活性和可调整性,还可能导致其难以在更广泛的经济活动中充当主要的交换媒介,从而无法成为人们日常生活中的货币。

尽管比特币在某些社群和地区被用作交易媒介,但其较高的波动性和供应量限制使得其无法被广泛接受和使用。日常交易活动对货币价值的相对稳定有较高的需求,这与比特币价格的高波动性形成了矛盾,限制了比特币成为具有流通手段职能的货币。

因此,目前比特币在经济活动中更多地扮演金融资产的角色。黄金在历史上曾作为货币被长期使用,但在现代经济中,黄金主要被视为避险资产和价值贮藏手段。人们认为比特币更像是黄金这样的价值储藏工具,而不是传统意义上的货币。从投资角度看,比特币也更像是一种金融资产。人们投资比特币不仅是基于其潜在的使用价值,更多是看中其价格上涨的潜力,这与股票、债券或其他投资工具类似。比特币的设计和市场实践表明,比特币在当前形态下更多的是一种拥有投资价值和一定贮藏手段的金融资产而非传统意义上的货币。未来比特币是否能够进一步发展其货币功能,可能需要新的技术创新、经济适应性以及市场和监管环境的变化。

四、央行数字货币/数字人民币的本质问题

(一) 世界各国央行数字货币的共同特征

世界各国央行数字货币(CBDC)尽管在实施方式和设计上有所差异,但共

享一些区别于传统货币和私人加密数字货币的主要特征。世界各国央行数字货币有一些主要的共同特征。

央行数字货币的国家主权性是其特征。央行数字货币是主权货币，它由国家中央银行发行并受国家法律保障，具有与传统法定货币同等的法律地位。这意味着央行数字货币具有国家信用的背书，代表了国家的经济利益和金融主权。央行数字货币由国家的中央银行直接或间接发行与监管，不仅确保了货币的信任度和安全性，也使央行能够直接管理经济中的货币供应和流通，这与私人加密数字货币有根本区别。央行数字货币的这种主权性有助于维护国家金融稳定和安全，促进经济发展。

央行数字货币在正式实施后具有法定性与法偿性。央行数字货币是由中央银行发行的，具有法定货币的地位。这意味着它是国家权威认可的支付货币，央行数字货币在正式实施后具有与纸币和硬币同等的法律地位，被国家内所有个人、商家、组织和政府机构强制性接受。作为法定的货币，央行数字货币在本国境内具有强制流通性，任何单位和个人不得拒收。同时，它也是国家法定的清偿手段。

央行数字货币的数字形态是其核心的特征，它代表着中央银行货币的数字化版本。央行数字货币不依赖于物理介质，其存储和交易完全在数字环境中进行。用户可以通过数字钱包、智能手机应用或其他数字设备来存储和使用央行数字货币。央行数字货币与传统的物理货币不同，它完全以数字形式存在，能够支持快速、低成本的交易，并提高整体经济和金融系统的效率。在技术基础、可编程性、安全性、隐私保护、互操作性、接入性以及法律和监管框架等多个方面，央行数字货币的设计和实施与传统法定货币的运行和监管机制存在差异。它通过独特的数字技术设计确保其作为现代金融体系一部分的功能性和高效性。央行数字货币的数字形态不仅代表着货币形态的转变，也意味着对金融系统、经济政策和日常金融活动方式的全面变革。

央行数字货币的可编程性和智能性是其重要的特征。这两个特性主要得益于央行数字货币所采用的先进数字技术，如分布式账本技术和智能合约。许多央行数字货币项目尝试利用数字技术的可编程性和智能性,在技术系统中探索嵌入特定的规则和逻辑,以期实现合同条款自动执行,进而增强货币政策的灵活性和精确性。

世界各国央行都注重央行数字货币的隐私保护与合规性,这二者是确保央行数字货币被广泛接受和信任的关键因素。央行数字货币的设计尝试平衡用户隐私保护与反洗钱和反恐融资(CFT)等法律法规的要求。一方面,央行数字货币需要通过不同的设计和政策确保用户的交易隐私和个人信息不受侵犯;另一方面,它也需要确保央行数字货币系统运作遵守国家和国际上的法律法规。

同时,央行数字货币的设计和实施旨在增强金融包容性,使其能够为更广泛的人群提供金融服务,特别是那些之前被排除在传统金融体系之外的人。央行数字货币通过降低金融服务的门槛、简化账户设立流程和降低服务成本,扩大了金融服务的覆盖范围。通过使用央行数字货币,所有公民可以享受更便捷、成本更低且安全性更高的金融交易支付方式。

为了有效地在全球范围内运行,各国央行数字货币的设计一般还会考虑到与其他支付系统和货币的互操作性。这包括不同国家的央行数字货币之间的互操作性,以及与现有的金融基础设施和支付系统的兼容性。要想实现全球畅通的央行数字货币的流通,提升其实用性和有效性,需要国际社会的共同协作和努力,通过制定统一的技术标准,在法律、政策、市场等多个层面进行国际合作,以促进全球金融体系中的央行数字货币的整合和发展。

虽然世界各国在央行数字货币的设计上和具体实现机制方面有所不同,但上述特征是它们共同追求的目标。各国对这种新型货币形态的数字货币正在差异中寻求共识,旨在利用数字化技术带来的优势实现其货币职能,确保央行数字货币在未来成为一种人类普遍认可的真正的货币。

(二)央行数字货币作为一般等价物的本质属性

央行数字货币作为一种新形态的货币,继承并强化了法定货币作为一般等价物的本质属性。在经济学中,一般等价物是被广泛接受的交换媒介,用于评价和交换商品和服务。央行数字货币作为一般等价物，具备以下本质属性：

第一，普遍接受性。央行数字货币由中央银行发行，拥有国家信用的支持，这是其作为一般等价物最核心的属性。与由私人实体发行的私人加密数字货币不同，央行数字货币的价值和接受度是得到中央银行直接保证的。作为法定货币的数字形式，央行数字货币具有法定性与法偿性，意味着在发行国家管辖的法域内，所有经济主体必须接受央行数字货币作为支付和债务清偿的手段。也正是因为央行数字货币具有法定地位，它才能在市场上被普遍接受。无论是个人还是企业，都可以使用央行数字货币进行交易，无须担心其流通性和接受度。这种普遍接受性使得央行数字货币能够有效地充当交易媒介。

第二，价值尺度。央行数字货币作为货币单位，可以为商品和服务的价值提供观念上的衡量标准。这使得不同商品和服务之间的价值可以用央行数字货币进行比较和交换。央行数字货币是由中央银行发行并背书的，其价值与国家信用紧密相连。因此，它具有相对稳定的价值，能够作为衡量和表示其他商品价值的标准。这种价值稳定性使得央行数字货币在作为一般等价物时具有可靠性。

第三，流通手段。央行数字货币的流通性和接受度决定了其易于在经济体内部流通，可用于日常交易，这一点契合一般等价物的基本功能。它可以即时地进行支付结算，提高交易效率；也可以方便地进行分割和组合，以适应不同规模和需求的交易。这使得央行数字货币在作为一般等价物时具有灵活性，能够满足各种交易场景的需求。同时，央行数字货币的交易记录可以被有效追溯，这提高了交易的安全性和透明度。作为一般等价物，其安全性和可信度是至关重要的，央行数字货币通过先进的加密技术和安全措施提供了这些保障。

第四，贮藏手段。虽然央行数字货币是一种数字货币，其价值可能受到货币政策和宏观经济因素的影响，但央行数字货币具有一定贮藏手段职能。中央银行发行的属性赋予了央行数字货币一定的价值稳定性，在国家信用的保障下被赋予了一定的贮藏价值。另外，与传统的法定货币相比，央行数字货币不受物理形态的限制,它以数字化形态存在,便于携带和贮藏,可以轻松地存储在电子设备或云端,方便随时使用。

第五,支付手段。央行数字货币具有法定性和法偿性,它是由中央银行发行的数字形式的法定货币,它在国家范围内被政府法律承认并规定为合法的支付手段,它是可以替代现金被用来清偿债务、购买商品和服务以及进行其他经济交易的工具。央行数字货币交易零手续费,降低了交易成本,为公众提供经济实惠的支付选择,为经济活动打造便捷、高效、安全的支付方案,有力推动支付体系创新变革。它具有数字化和可追溯性的特点,既能提升跨境支付、线上线下移动支付效率,又有助于防范洗钱和其他非法金融活动。央行数字货币支持在线支付,也能借助近场通信等无线技术实现离线支付,这对增强金融包容性、推广数字货币使用意义重大。

由此我们可以发现央行数字货币具有普遍接受性、价值尺度、流通手段、贮藏手段和支付手段这些货币的本质属性,这使得它在作为一般等价物时具有显著的优势和可靠性。央行数字货币作为一般等价物的这些本质属性不仅使其成为一种有效的支付和交易媒介,而且有助于其在现代数字经济中发挥关键作用,促进经济的数字化转型。通过结合传统法定货币的信用和数字技术的便利,央行数字货币有望在未来的金融体系中发挥重要作用。

然而,值得注意的是,尽管央行数字货币具有这些本质属性,但它并不等同于传统意义上的一般等价物,如黄金或白银。央行数字货币的价值仍然依赖于国家的信用和货币政策。不同国家的央行数字货币可能具有不同的特性和限制性,这意味着在全球范围内,作为一般等价物的央行数字货币的普遍接受度也可能会有所不同。

(三)数字人民币与电子货币的差异

数字人民币与电子货币之间是存在关键差异的。这些差异不仅体现在技术实现上,也反映在法律地位、管理机构、功能特性以及在金融体系中的角色定位等方面。

第一,数字人民币与电子货币的法律地位、背书机构和管理机构不同。

数字人民币由中国人民银行直接发行和集中管理，具有法定货币地位，代表的是国家信用。它是人民币的数字化形式，综合运用多种先进数字技术的"数字法币"，具有与纸钞和硬币等传统法定货币同等的效力和法律地位，所以可有效发挥其货币的基本职能。它的设计可以整合包括银行账户、支付宝、微信支付等各种支付和结算渠道，用户可以直接将数字人民币存入自己的数字钱包，然后通过扫码或近场通信等方式进行支付，而不需要依赖银行账户或特定的支付平台。

电子货币多通过支付宝、微信支付等第三方支付平台、商业银行等机构转移资金，其数字化符号实际上是商业银行存款的电子表示，这些机构并不具备发行货币的法定地位，只是一种基于商业信用的电子货币支付手段。虽然用户的资金最终存放在商业银行中，但用户与这些资金的日常互动是通过第三方媒介进行的，这些机构对资金的管理遵循一定的商业规则和国家监管要求。

第二，数字人民币与电子货币的使用范围和交易方式不同。

数字人民币的主要定位是流通中的数字化的现钞和硬币，它旨在满足公众对数字形态现金的需求，助力普惠金融。此外，数字人民币的交易信息是可追溯的，有助于打击洗钱、逃税等违法行为。在中国，数字人民币可以用于发放工资、购物消费、缴纳各种公共服务费用，以及进行大额转账和跨境支付等。数字人民币支付无须通过特定的支付平台，同时支持离线交易，即在没有网络连接的情况下也能完成支付。作为中国的法定数字货币，数字人民币旨在先试点再逐渐全面推广，培养所有公民对数字人民币的接受度和对它的日常使用习惯。

电子货币则主要用于个人消费支付和生活缴费，使用受限于特定的支付平台和与该平台合作的金融机构的范围。并且电子货币的交易必须连接互联网进行在线操作和支付，交易信息一般由商业机构保存，可能涉及用户隐私泄露的风险。

第三，数字人民币与电子货币的设计目的和功能不同。

数字人民币与电子货币在设计目的和功能方面存在显著差异，体现在政策驱动因素、目标受众以及对金融生态系统预期等方面。

数字人民币旨在成为新的货币政策工具，增强中央银行对经济的调节能力，更精准地实施货币政策，调控实体经济，例如通过发放数字消费券直接刺激公民消费。通过数字人民币，国家监管机构既能有效监控交易、保障交易主体隐私，又能在必要时追踪大额货币，防范金融风险，打击洗钱等非法活动。数字人民币作为法定货币，在未来必须具有在全国范围内被普遍接受的属性，无论是线上还是线下。它的设计要充分考虑到边远地区和未纳入银行服务体系的人群，旨在为所有公民提供更便捷的金融服务。数字人民币还有助于提升人民币在国际交易中的地位，增强跨境支付的便利性。

作为中介的电子支付平台的主要功能是提供一种便捷的电子货币支付方式。电子支付平台会提供快速、便捷的电子货币支付的解决方案，它的接口友好，操作简便，易于普通消费者理解和使用，用户可以轻松地在线上或线下用电子货币进行消费和支付。除了其基本支付功能，电子支付平台还提供贷款、理财、保险等多样化金融服务。电子支付平台通过大数据分析，为用户提供个性化的商业推荐，强调用户的体验。但是这些平台处理电子货币交易的核心目的是为商家和平台本身创造经济价值。通过用户的交易数据，电子支付平台可以进行商业分析，其改善用户体验的核心驱动力在于增加用户黏性和平台收益。

总的来说，数字人民币的设计更多地体现了宏观经济调控的目标，而电子货币支付则更侧重于助力微观经济发展，包括提高交易效率、增强用户体验和商业价值创造。这些差异直接反映了各自背后的发行主体和目标的不同。

第四，数字人民币与电子货币的技术基础和隐私保护机制不同。

数字人民币可能采用区块链或类似技术，但具体技术框架由中央银行决定并优化以支持大规模的零售支付。目前的电子货币支付主要依托传统的电子支付和银行系统，一些资金雄厚的支付平台也逐渐开始探索区块链技术用于改进其支付系统。

数字人民币提供"可控匿名"，在保护用户隐私的同时，允许对涉及非法活动的交易进行必要的监管。电子货币支付通常需要进行实名认证,用户在交易过程中需要提供个人身份信息。并且用户的相关交易信息和数据归支付平台保存,这些数据可能被用于商业分析和广告定位,在一定程度上会影响用户的隐私保护,有隐私泄露的风险。

总之,数字人民币由国家发行,具有强制性,是国家货币制度下创新且统一的法定货币形式。在为人民提供便利性和安全性保障的基础上,国家发行数字人民币还有其他诉求:对公民隐私的保护、对社会秩序的维护、坚决打击数字犯罪、维护货币政策体系的有效运行和传导、维护国家货币主权等。只有在完备健全的法律体系下,数字人民币才能正常履行其货币的基本职能。因此,数字人民币与电子货币在法律地位、管理机构、设计目的、隐私保护以及技术实现等方面都存在明显差异。这些差异决定了它们在中国乃至全球经济中扮演角色的不同。

(四)央行数字货币的历史必然性和历史意义

1. 央行数字货币的历史必然性

货币的发展根本上取决于社会发展的客观规律和价值规律。货币形态演变需要适应社会经济发展的需要,否则会阻碍甚至破坏经济发展。货币的演化受生产力变革和技术变迁推动,是货币发展的历史必然趋势。因为货币是生产关系的一种,"它不过是采取了一种具有独特的社会属性的自然物形式"[1]。

从人类发展历程来看,在原始社会和奴隶社会初期,由于生产力低下,人类选择用贝壳、牲畜、布帛等作为货币或可信的第三方媒介。随着金属采矿和冶炼技术的发展,金属货币出现,从青铜币、铁币、银币、金币逐渐发展为特性完善的货币。随着造纸术、印刷术、防伪技术的不断发展,纸币出现并在近代为了适应社会大生产的要求而大规模流通。在此期间,政府凭借财富与权力,取代商品成为货币的背书主体,扮演起中间人的角色。到了20世纪,在信息技术革命的推动下,数字化货币出现了,它的出现从根本上来说是为了适应社会

---

[1] 《马克思恩格斯文集》第5卷,人民出版社2009年版,第101页。

生产力的发展,即金融业需要数字化货币的运行效率。

现代数字科学的发展是央行数字化货币诞生的基本条件,央行数字化货币的诞生本质上是生产力发展的结晶,同时也受生产力发展水平的制约。

从历史必然性来看,人类文明的发展为人类走入数字时代创造了条件,货币形态演变是国家政治、经济、文化、科学、法律与社会信用共同作用的产物。人类社会对各种货币形态不断进行选择,是受所在时代的国家政治、经济、文化、科学、法律等多方面影响,经长期博弈达成共识,这一过程推动了货币形态的演变。

央行数字货币的形态演变是商品交换与支付需求矛盾运动的必然产物,其出现是科技进步和经济发展共同作用的必然结果。随着经济的全球化和数字化的发展,电子商务和在线支付需求急剧增长,传统的纸币和硬币逐渐无法满足日益增长的支付需求。现代贸易在全球范围内开展,实体货币的便携性受到制约,在城市之间运送实体货币的成本也越来越高,为了使商品交换更快捷、便于携带和计价,这就产生了法定货币数字化的需求。科技的不断进步,特别是密码算法、移动互联网、区块链、大数据、云计算等技术的发展和成熟,提供了实现安全、高效央行数字货币的技术基础。这些技术创新降低了发行和管理数字货币的成本与风险,提高了央行数字货币设计和实现的可行性。全球还有大量未银行化和未实现电子货币支付化的人群,传统金融服务无法有效覆盖所有人群。央行数字货币的推广有助于增强金融包容性,让更多人受益于金融服务。此外,随着比特币等私人加密数字货币的兴起,传统金融体系面临新的挑战。央行数字货币的探索和发行是对私人加密数字货币挑战传统金融系统的有力回应。

总之,央行数字货币是传统实体货币的数字化补充与升级形态,随着全球支付体系朝着更高效、更安全的方向发展,它提供了一种新的支付和结算工具,有助于提升国内及跨境支付系统的效率,具有安全性、流动性与便捷性优势。这是货币演变的内在规律和客观要求,也是货币发展的历史必然趋势。

2. 央行数字货币的历史意义

央行数字货币的出现并非偶然，而是金融技术发展、数字经济需求演变、全球支付体系升级等多种因素共同作用的结果。央行数字货币标志着人类历史上物理货币到数字货币的重要转变，也意味着数字化货币形态从电子货币、私人加密数字货币演化到主权数字货币的一个新的历史阶段。因此央行数字货币的出现和发展具有深远的历史意义。

第一，央行数字货币能够降低货币运行成本，提高经济和金融效率，促进整个经济体的数字化转型。传统的纸币和硬币在发行、流通和回笼等环节中成本较高，而央行数字货币可以降低交易和运营成本，提升交易的便捷性，推动数字经济发展。

第二，央行数字货币的实施有助于提高金融监管效率，加强对洗钱、贪腐等犯罪行为的监督。央行数字货币具有可追溯的特点，这使得监管机构能够更容易、更有效地追溯货币交易记录，追踪和打击非法活动。

第三，国家通过对央行数字货币流通数据进行大数据分析，可以获取更多经济数据，实施更为精准的货币政策和宏观调控，更高效地应对经济波动。央行数字货币是一种受国家管控的安全可靠的数字支付工具，它的发展有助于增强金融体系的稳定性，降低系统性风险，推动数字经济的发展，为经济增长注入新的动力。

第四，央行数字货币的出现促进了传统商业银行和电子货币支付模式的发展与革新。央行数字货币的推广将刺激商业银行调整自身的业务和盈利模式，以适应新的金融环境；同时也刺激金融机构开发与之兼容的新产品和服务，促进整个金融行业的创新和升级。

第五，从更宏观的角度看，随着各国纷纷研究或推出央行数字货币，全球货币体系可能迎来新的变革，促进各国货币政策、金融监管以及国际货币合作机制等新一轮的变化。随着全球金融体系的演变，央行数字货币有可能成为未来货币体系的重要组成部分，并在国际支付和国际货币储备领域发挥越来越重要的作用。对于有意推动货币国际化的国家而言，央行数字货币提供了新工具和新平台，有助于提升本国货币在国际货币体系中的竞争力。对于中国等大国而言，央行数字货币的推出还有助于提升本国货币的国际地位，推动人民币的国际化进程。

总的来说，央行数字货币的出现是历史发展的必然结果，它具有重要的历史意义。它的出现与发展不仅将改变人们的支付方式和生活方式，还可能对全球金融体系产生深远的影响。央行数字货币的发展和推广预示着全球金融体系迈向更加高效、透明、包容的新阶段。同时，这也将带来新的挑战，包括技术安全、隐私保护、国际协调等领域的问题。随着各国央行在这一领域的不断探索和实践，央行数字货币的未来将是全球经济和金融领域最值得关注的议题之一。

第六章

数字化货币与世界货币之梦

一、世界人民苦美元久矣

美元作为世界主要储备货币,在全球贸易、金融市场和国际债务结构中占据核心地位,从而形成当前国际货币体系中的美元霸权地位。在过去,货币往往与某种实物资产挂钩,这种体系被称为固定汇率制。然而,随着全球化的深入和金融市场的发展,许多国家逐渐转向了浮动汇率制,这意味着货币的价值不再固定于某一实物资产,而是由市场供求关系决定。在这个过程中,在人类历史上,首次出现了一国凭借其强大的经济实力、金融体系、军事实力,成功地使自己国家的货币成为国际交易的主要媒介,这个国家通过浮动汇率制和自由兑换政策,将其货币强加给世界其他国家,从而形成了货币霸权地位。

美元霸权是历史上最复杂的霸权。美元霸权的形成和维持以浮动汇率制为基础,依赖于美国在全球商品市场和金融市场中的主导地位,形成了从"黄金美元""石油美元"到"信用美元""债务美元",未来可能演化到"芯片美元"、某种新能源或新科技产品为支柱的美元霸权格局。

美元霸权地位是美国维持全球霸权地位的重要基石,它可以帮助美国收割全球财富,因此美国穷尽军事、金融、贸易等一切手段牢牢把控美元的霸权地位。如20世纪80年代美国与日本签订广场协议迫使日元升值;多次扰乱欧洲地缘政治局势冲击欧元前景;频繁对他国采取冻结资产、长臂管辖等手段;美国军事基地在全球各地区分布广泛,以武力威胁或发动战争维护美元的霸权地位。

美元霸权带来了诸多负面影响,包括对全球经济稳定性的影响、对发展中国家经济的负面影响以及加剧了全球贫富差距等。

(一)美元霸权对全球经济稳定性的影响

美元在全球货币体系的主导地位使许多国家在对外贸易和投资时依赖美元结算,这增强了相关国家对外部经济波动的敏感性,尤其容易受美国货币政策的影响。美元作为全球主要货币,其利息与汇率波动直接影响到各国的出口和进口，进而影响到各国的经济增长和就业。美元的流动性还影响资本流动的快速变化，可能引发金融市场的不稳定性。

美元作为全球主要储备货币，被广泛用于国际贸易结算，大多数国家需要持有大量美元以进行进口和出口活动的结算，因此许多国家的外汇储备主要是美元。当美国货币政策发生变化，比如调整利率或实施量化宽松政策时，美元汇率将逐之波动，从而对其他国家的贸易和投资环境产生连锁影响。美元的汇率波动直接影响到各国的出口和进口，当美元汇率大幅波动时，可能会导致这些国家外汇储备的增值或贬值，从而对其经济状况产生影响。这使得各国在贸易方面对美元汇率波动特别敏感。美国货币政策的变化会直接影响到这些国家的外汇储备价值、进出口成本和外债负担。美元走强会使得这些国家的进口成本上升，而走弱则可能影响这些国家的出口竞争力。美元货币政策变化对世界其他国家的货币价值具有重要影响，特别是依赖美元融资的国家，可能面临汇率风险，影响其出口竞争力和外债负担，进而影响到国家的经济增长和就业。

美元货币政策变化影响着国际资本流动，为其他国家的经济稳定带来极大的不确定性。美元作为全球货币体系的中心，享有高度的流动性，当美国货币政策发生变化，比如调整利率或实施量化宽松政策时，美元的流动性就会受到影响，进而对其他国家的贸易和投资环境产生影响。美国联邦储备系统的政策决定，不论是加息还是降息，其连锁反应可以迅速传导至全球。例如，当美联储加息时，可能会吸引更多的国际资金流入美国，导致其他国家面临资金外流和货币贬值的压力。这种资本流动的不稳定性可能会对一些经济脆弱的国家造成冲击。此外，美元政策变化还影响跨国投资流向。美元资产被视为避险资产，全球投资者在经济不确定性增加时往往增持美元或美元资产，这种行为会影响全球资本流向，进而影响其他国家的投资成本和可用资金量。

因此，美元的主导地位使许多国家在对外贸易和投资时高度依赖美元，这也加剧了它们对外部经济波动的敏感性。这些国家需要加强经济自主性，减少对美元的过度依赖，以实现经济的稳定和发展。

（二）美元霸权对发展中国家经济的影响

美元霸权对发展中国家经济的影响是多方面的，涉及贸易平衡、债务管理、金融稳定性及经济发展策略等多个层面。

第一，由于全球贸易通常以美元进行定价和结算，美元的波动直接影响到发展中国家的进出口成本和贸易收益。美元升值可能会使这些国家的进口更加昂贵，出口收入减少，从而对其贸易平衡和经济增长产生负面影响。

第二，美元霸权为发展中国家带来更大的债务负担。许多发展中国家的外债是以美元计价的。当美元走强时，这些国家需要更多的本币兑换相同数量的美元来偿还债务，从而加重了它们的债务负担和偿债压力。这可能导致发展中国家的财政资金更多地用于偿还债务而非用于本国的教育、卫生或基础设施建设，甚至导致其贫困加剧。例如，2022年，美元指数飙升，由于美元升值，尤其是突破百元大关之后，斯里兰卡的经济陷入了严重的危机。美元大幅升值削弱了斯里兰卡的偿债能力，这导致斯里兰卡无法按时偿还债务，经济陷入困境，甚至出现了食品短缺、能源危机和社会动荡等问题。

第三，美元在国际金融市场中的主导地位意味着全球资本流动受到美国货币政策和市场情绪的强烈影响。美元汇率的变化可以快速影响发展中国家的跨国资本的流入和流出，导致这些国家面临资金流动性波动和投资不稳定的风险。依赖美元的全球金融体系可能使发展中国家更容易受到国际金融市场波动的影响。在全球金融危机或美元流动性紧缩的情况下，这些国家可能面临资金外流和金融动荡的风险。例如，1983年中国香港将港币的外汇汇率与美元挂钩，当美联储寻求美元贬值时，港币也会贬值，造成了中国香港地区的通货膨胀。美元贬值是美国刺激其国内经济需要的政策，这与中国香港地区发展的货币政策要求可能是不一致的。这意味着当美元与中国香港地区的货币挂钩时，香港的货币政策就会受到美国货币政策的影响。

第四，为了维护本币与美元的汇率稳定，发展中国家的中央银行可能不得不调整其货币政策，以避免剧烈的汇率波动。这可能限制了它们根据自身经济状况制定独立货币政策的能力。长期依赖美元进行国际贸易计价和偿付债务的发展中国家,可能会因对美元货币的过度侧重而自然形成出口导向型经济,而无法进行国内市场和产业的多元化发展。这种情况可能限制发展中国家自主制定独立的经济发展策略。

总之,美元霸权对发展中国家经济的影响是复杂和多维的,经济全球化既带来了机遇,也伴随着风险和挑战。发展中国家在利用全球市场机遇的同时,需要谨慎管理与美元相关的经济和金融风险,探索多元化的经济发展策略。

(三)美元霸权加剧了全球贫富差距

美元霸权使美国等发达国家能够轻松地从全球市场中获取资源,而发展中国家则往往被迫接受不利的贸易条件。这种不公平的贸易关系加剧了全球贫富差距,使富国越富,穷国越穷。

美元作为世界主要储备货币,全球各国对美元和美元资产的需求很高,使得美国可以以较低的成本借款。这种情况使美国等发达国家能够较容易地获得资金,投资国内外项目,而发展中国家却往往面临更高的借贷成本,不利于其本国经济发展。

由于国际贸易主要以美元进行结算,发展中国家需要积累大量美元来保证其进口需求和偿还外债。这使得它们往往需要以较低的价格出口更多商品,以获得足够的美元。美元价值的波动直接影响到依赖美元的发展中国家货币汇率和经济的稳定性。为了维持与美元的汇率稳定,发展中国家往往需要采取政策措施,如积累大量美元储备,这可能会限制它们在货币政策上的自主性,影响到它们针对本国经济状况采取有效政策的能力。美元强势时,这些国家偿还债务的实际成本会上升,增加它们的经济负担。而美元贬值则可能引发资本外逃和经济危机。这也意味着美元霸权对发展中国家来说带来的是不利的贸易条件和价值转移,会拉大全球贫富差距。

此外,美国还利用美元在全球金融市场的主导地位,通过操纵市场、制造泡沫等方式获取超额利润,进一步加剧了全球贫富差距。

总之,这些问题凸显了全球各国需要减少对单一货币的依赖,构建更加公平和可持续的国际货币体系，促进全球经济的均衡发展。许多经济学家和国际组织都在探讨全球货币体系的改革方案，包括加强多边金融机构的角色、推广多边贸易和投资协定、鼓励使用多种货币进行国际贸易和金融交易等。这些建议旨在建立一个更加稳健、公平的全球经济环境，减少贫富差距、促进全球经济的稳定和可持续发展。

（四）美元被用于国际政治和经济制裁

美元作为全球主要的储备货币和国际贸易的主要支付和结算货币，在全球贸易和金融系统中处于核心地位。美国经常利用美元这种特殊地位对其他国家实施制裁，以达到其政治和经济目的。

美国政府会限制特定国家或实体使用美元进行国际交易，以达到经济制裁的目的。当一个国家或实体被禁止使用美元进行国际交易时，它在全球市场上购买或销售商品和服务时将面临重大障碍。这种制裁可能严重影响被制裁国家的进出口业务，从而对其经济产生不良的影响。

美元在国际金融系统中的主导地位使其成为金融制裁的关键工具。美国会通过限制特定国家访问全球金融系统，来施加经济制裁以达成其政治目标。通过限制或禁止特定国家的银行访问关键的国际金融系统，如SWIFT，美国能够有效地将被制裁国家从大部分全球金融活动中排除出去。这种制裁可以剥夺这些国家获取国际资本、进行跨境交易和融资的能力。

美国可以冻结在美国或使用美元结算的交易中涉及的外国实体的资产，也可以限制被制裁主体与美国金融机构的交易，以达到经济制裁的目的。这不仅限制了被制裁国家或个人使用这些资产，而且还对其他国家和国际投资者发出了警告，从而进一步孤立了被制裁的主体。

利用美元进行经济制裁不仅是经济手段，也是外交策略。通过这些制裁，美国能够在不使用军事力量的情况下，对其他国家的政策决策施加影响，促使其政策调整，进而达成特定外交目标。

此外，美元制裁的全球性质意味着即使是与被制裁国家没有直接经济往来的国家或公司，也可能因为全球金融网络的连通性而受到影响。同时，将美元作为制裁工具的做法也引发了一系列争议,这种做法破坏了国际贸易和金融秩序,影响了全球经济的稳定和发展,引发了对于制裁长期有效性和道德合理性的讨论,它也促使全球其他国家寻求替代货币,减少对美元依赖。

总而言之,美国在国际政治舞台上频繁地利用美元的霸权地位对特定国家发动经济制裁,彰显了超越货币属性的强大影响力,例如美国对伊朗、俄罗斯、朝鲜等国家实施了广泛的金融和经济制裁,使用美元作为施压工具。这反映了美元在全球金融体系中的中心地位以及美国在国际舞台上的影响力。同时,这也凸显了全球经济体系中存在的不平衡性和潜在的巨大风险,引发全球对更加多元化和稳定的国际货币体系的探讨。

二、中本聪的世界货币之梦

(一)比特币的创立与2008年金融危机

比特币的创立与2008年的国际金融危机密切相关。实际上,比特币诞生于2008年,正是金融危机爆发之时。这场危机暴露了现有金融体系的多个弱点,包括过度的中心化、缺乏透明度,以及金融机构和监管机构之间潜在的利益冲突等。

2008年金融危机揭示了在高度中心化的金融系统中,过度依赖中介机构可能带来的风险。银行和其他金融机构的失败引发了对整个金融体系信任的重大危机。金融危机后,人们开始寻求替代传统金融体系的解决方案,比特币提供了这样一个选项。比特币的去中心化特性正是对这种信任危机的一种回应,它试图建立一个不依赖传统金融中介的货币系统,它的去中心化特点意味着没有单一的控制点,从而降低了系统性风险。

2008年金融危机还暴露了传统金融体系中的透明度问题。复杂的金融产品、缺乏清晰的信息披露和难以追踪的资金流动共同促成了危机的爆发。比特币区块链上的所有交易都是公开且可追溯的,它试图建立一个交易透明的体系。

总而言之,比特币的创立和早期发展与2008年金融危机的背景紧密相关,它在某种程度上是对危机中暴露出的系统性问题的反思和回应。中本聪的世界货币之梦就是以比特币试图提供一个更加去中心化、透明且不受特定国家或机构控制的全球性货币体系。

（二）构建理想的全球性货币体系

中本聪的世界货币之梦是想通过对比特币的设计，创建一个统一、安全、去中心化且不受特定政治和经济体制限制的全球性数字货币体系。

中本聪设计比特币的一个核心理念是去中心化。他希望创建一种不依赖任何中央权威的货币系统，如银行、政府等中央权威。在比特币网络中，交易和发行都是在点对点网络上自动进行的，没有中央机构的控制和干预。传统的电子支付系统通常需要依赖银行或其他金融机构，可能伴随较高的交易费用和较长的处理时间。比特币交易直接在用户之间进行，可以在全球范围内快速完成且通常具有较低的交易成本。比特币给予用户完全控制其资金的能力，无须通过第三方机构。这种设计理念强调了个人对财务的直接控制，减少了对传统金融机构的依赖。

比特币有固定的供应量上限，即2100万枚比特币这种设计有意对抗传统货币体系中可能的通货膨胀。由于政府无法随意增发比特币，因此它被认为是一种对抗货币贬值的工具。虽然比特币交易是公开的，但它们是通过地址进行的，而这些地址不必与个人的真实身份直接关联。这提供了一定程度的匿名性，尽管不是完全的隐私保护。

总的来说，中本聪的这些设计理念旨在解决传统货币和支付系统的一些固有问题，例如美国2008年金融危机所暴露的问题，如中心化风险、高昂的交易成本、通货膨胀、隐私泄露等。

三、央行数字货币促进新世界货币体系的形成

（一）央行数字货币可能促成新世界货币体系的形成

央行数字货币的出现和普及潜在地为全球货币体系带来了变革性的影响，可能会引发一个新的世界货币体系。这种转变涉及多个层面：从国际贸易到货

币政策，从跨境支付到金融监管，都可能经历重大变革。

央行数字货币促进货币多元化发展。随着越来越多的国家研发和推出自己的央行数字货币，世界货币体系可能变得更加多元化。不再是单一货币在全球贸易和金融体系中占据压倒性的地位，而是多种央行数字货币根据其稳定性、便利性和接受度共存。

央行数字货币带来跨境支付的革新。央行数字货币可以极大简化国际贸易和跨境支付流程，降低中介成本，提高效率。如果各国央行能就央行数字货币之间的直接互换、结算机制等达成协议，将直接影响现有的世界货币体系，促进更加紧密的全球金融整合。

央行数字货币推动各国国际货币地位的重塑。目前，一些国家的法定货币因为经济稳定性、政治风险、法律框架等各种原因在国际上的接受度有限。如果这些国家的央行数字货币设计得足够稳定、安全、可靠，那么央行数字货币的推出将为这些国家提供提升其货币国际地位的机会。

央行数字货币可能改变全球储备货币格局。如果某些央行数字货币能被广泛接受作为国际贸易和储备的工具，可能会改变目前由少数几种主要货币主导的全球储备货币格局。

央行数字货币对美元霸权地位提出挑战。随着多个国家推出央行数字货币，全球对美元的依赖程度可能逐渐下降。这对美元来说是一个挑战，但对世界货币体系来说，可能是向更加平衡和稳定的货币体系方向发展的契机。

央行数字货币的推行还将赋予各国央行更强大的监管和政策执行工具。各个国家可以更精确地追踪货币流动、调控货币供应量，甚至实施利率政策。

总的来说，央行数字货币对未来世界货币体系的形成具有潜在的重大影响。虽然还存在许多不确定性，包括技术挑战、隐私保护、国际合作等方面的问题，但央行数字货币的发展趋势和潜力正在逐步显现，可能会导致全球金融体系重大和深远的变革。

（二）央行数字货币在新世界货币体系形成中面临的挑战

虽然央行数字货币拥有改变当前世界货币体系的潜力，但也存在一些障碍和挑战，这些因素可能会限制央行数字货币推动新世界货币体系形成。以下是一些关键考量点，展示了央行数字货币可能无法根本改变现有货币体系的原因。

第一，国际协调的复杂性。虽然技术上可行，但全球范围内的央行数字货币互操作性需要广泛的国际合作和标准制定。不同国家的法律、经济政策、技术标准和监管环境各不相同，这些差异将极大地增加国际协调的复杂性和难度。

第二，美元霸权地位的根深蒂固。美元作为全球主要储备货币和国际贸易货币的地位，是多年来经济实力、政治、军事和全球金融体系设计共同作用的结果。仅凭借通过推出央行数字货币，不太可能迅速改变美元在全球经济中的核心地位。

第三，数字技术和安全问题。虽然央行数字货币技术不断进步，但仍存在关于隐私保护、网络安全、系统稳定性等方面的挑战。如果这些问题得不到有效解决，央行数字货币的普及和国际化可能会受到限制。

第四，各国不同的政治和经济因素。世界各国推行央行数字货币的动机和目标是不一样的，这反映在它们对央行数字货币的设计和政策上。这种差异化可能会影响央行数字货币在全球范围内的接受度和使用。此外，全球经济权力结构和国际关系也会影响央行数字货币的国际化进程。

第五，现有金融体系的抵抗。传统的金融机构和体系可能会因为自身利益受损而对央行数字货币的推广产生抵抗。这种抵抗也可能来自对业务模式变革的担忧，或者对新技术带来的不确定性的顾虑。

第六，市场接受度和使用习惯。消费者和企业对央行数字货币的接受度以及他们的使用习惯也将是央行数字货币能否促成新世界货币体系形成的决定性因素。如果大众对央行数字货币缺乏信任，或者更习惯使用现有的货币和支付方式，央行数字货币的普及将面临重大挑战。

尽管央行数字货币提供了改革和优化现有世界货币体系的可能性，但它面临的挑战和障碍也不容忽视。未来央行数字货币对世界货币体系的实际影响将取决于众多因素的交互作用，包括技术发展、国际合作、政治经济动态以及市场和社会的适应过程等。

（三）数字人民币与人民币的国际化

数字人民币作为中国人民银行发行的数字货币，是人民币国际化战略的一个重要组成部分。它不仅代表了货币技术革新的方向，也是中国在全球经济中扩大影响力、增强其货币的国际地位的关键工具之一。数字人民币的发行和普及会对人民币国际化产生一定的影响。

数字人民币可以提供更加便捷、高效、低成本的跨境支付解决方案。这将有助于国际商家和消费者更容易接受和使用人民币，增强人民币在国际贸易和投资中的吸引力，从而提高人民币在国际贸易和投资中的支付和结算的使用比例。可将数字人民币作为"一带一路"倡议中的支付工具，促进与参与国之间的金融合作和经济整合，加强人民币在这些区域的流通和接受度。与传统的SWIFT和CHIPS系统相比，数字人民币利用现代数字技术重构和再造了一个高效、安全的支付清算系统，不再完全受制于西方发达国家。

数字人民币的推出有助于增强全球用户对人民币的信心和兴趣。数字人民币的安全、透明和高效特性，可以增强人民币的信誉和市场信心，提高其在国际金融市场中的认可度和接受度。它的推广可以加强中国与其他国家和地区之间的金融连接，促进人民币与其他主要货币的互操作性，有助于扩大人民币的使用范围和影响力，从而促进人民币的国际化，推动国际货币体系向更加多元化发展。随着数字人民币在国际贸易和金融交易中的使用增加，可能会减少现有货币体系对美元的依赖，促进国际货币体系的均衡健康发展。

但是人民币国际化仍面临一系列挑战，包括外汇政策、资本项目开放程度，以及如何与现有的国际金融体系兼容等。此外，若要扩大人民币影响力，需妥善解决数字人民币的隐私保护、跨境监管合作等问题。同时，还需要加强国际合作和沟通，以增强数字人民币在国际市场上的普遍接受性。

总之，数字人民币在促进人民币国际化方面具有重要潜力和作用，但其最终效果还将取决于全球宏观经济环境、国际政治经济关系以及中国自身政策的调整和实施。数字人民币是推动人民币国际化的一个重要工具，但也需要政府、金融机构、企业等多方面的共同努力和合作才能实现其目标。

参考文献

一、中文文献

[1] 中共中央马克思恩格斯列宁斯大林著作编译局编译:《马克思恩格斯文集》(第1—10卷),人民出版社2009年版。

[2] [古希腊]亚里士多德:《形而上学》,吴寿彭译,商务印书馆1959年版。

[3] [古希腊]亚里士多德:《物理学》,张竹明译,商务印书馆2017年版。

[4] [古希腊]亚里士多德:《范畴篇 解释篇》,方书春译,商务印书馆1959年版。

[5] [德]康德:《纯粹理性批判》,邓晓芒译,杨祖陶校,人民出版社2004年版。

[6] [德]康德:《实践理性批判》,关文运译,商务印书馆1960年版。

[7] [德]黑格尔:《逻辑学(上卷)》,杨一之译,商务印书馆1982年版。

[8] [德]黑格尔:《逻辑学(下卷)》,杨一之译,商务印书馆1982年版。

[9] [德]埃德蒙德·胡塞尔:《胡塞尔文集·逻辑研究》第一卷,倪梁康译,商务印书馆2017年版。

[10] [德]埃德蒙德·胡塞尔:《胡塞尔文集·逻辑研究》第二卷第一部分,倪梁康译,商务印书馆2017年版。

[11] [德]埃德蒙德·胡塞尔:《胡塞尔文集·逻辑研究》第二卷第二部分,倪梁康译,商务印书馆2017年版。

[12] [德]埃德蒙德·胡塞尔:《现象学的观念(五篇讲座稿)》,倪梁康译,商务印书馆2017年版。

[13] [德]埃德蒙德·胡塞尔:《现象学的方法》,倪梁康译,译文出版社2005年版。

[14] [德]埃德蒙德·胡塞尔:《哲学作为严格的科学》,倪梁康译,商务印书馆1999年版。

[15]［英］维特根斯坦：《逻辑哲学论》，贺绍甲译，商务印书馆2009年版。

[16]［英］维特根斯坦：《哲学研究》，陈嘉映译，上海世纪出版集团2005年版。

[17]［英］约翰·梅纳德·凯恩斯：《就业、利息和货币通论》，高鸿业译，商务印书馆1999年版。

[18]［英］约翰·梅纳德·凯恩斯：《货币论》上卷（货币的纯理论），何瑞英译，商务印书馆2017年版。

[19]［英］约翰·梅纳德·凯恩斯：《货币论》下卷（货币的应用理论），蔡谦、范定九、王祖廉译，商务印书馆2017年版。

[20]［英］约翰·梅纳德·凯恩斯：《印度的货币与金融》，安佳译，商务印书馆2013年版。

[21]［美］米尔顿·弗里德曼：《弗里德曼文萃》，高榕、范恒山译，北京经济学院出版社1991年版。

[22]［美］米尔顿·弗里德曼：《货币稳定方案》，宋宁、高光译，上海人民出版社1991年版。

[23]［美］米尔顿·弗里德曼，［美］安娜·J.施瓦茨：《美国货币史：1867—1960》，巴曙松、王劲松等译，北京大学出版社2021年版。

[24]［英］维克托·迈尔-舍恩伯格，［英］肯尼斯·库克耶：《与大数据同行：学习和教育的未来》，赵中建、张燕南译，华东师范大学出版社2014年版。

[25]［美］布莱恩·凯利：《数字货币时代：区块链技术的应用与未来》，廖翔译，中国人民大学出版社2017年版。

[26]［美］菲尔·尚帕涅编著：《区块链启示录：中本聪文集》，陈斌、胡繁译，机械工业出版社2018年版。

[27]［加］唐塔普斯科特，［加］亚力克斯·塔普斯科特：《区块链革命——比特币底层技术如何改变货币、商业和世界》，凯尔、孙铭、周沁园译，中信出版社2016年版。

[28]［美］埃斯瓦尔·S.普拉萨德：《金钱的未来：数字革命如何改变货币和金融》，张义译，中译出版社2022年版。

[29]〔美〕爱德华·卡斯特罗诺瓦:《虚拟货币经济学》,黄煜文、林丽雪译,远足文化事业股份有限公司2016年版。

[30]〔美〕尼克·巴蒂亚:《货币金字塔:从黄金、美元到比特币和央行数字货币》,孟庆江译,社会科学文献出版社2021年版。

[31]〔英〕默文·金:《金融炼金术的终结:货币、银行与全球经济的未来》,束宇译,中信出版社2016年版。

[32]〔美〕詹姆斯·瑞卡兹:《下一波全球货币大崩溃》,吴国卿译,联经出版事业股份有限公司2015年版。

[33]〔美〕詹姆斯·瑞卡兹:《下一波全球新货币:黄金》,吴国卿译,联经出版事业股份有限公司2017年版。

[34]〔美〕吴军:《智能时代:大数据与智能革命重新定义未来》,中信出版社2016年版。

[35]〔美〕亚当·格林菲尔德:《区块链·人工智能·数字货币:黑科技让生活更美好》,张文平、苑东明译,电子工业出版社2018年版。

[36]〔英〕西蒙·格里森:《货币的法律概念》,张铮译,上海人民出版社2022年版。

[37]〔德〕格奥尔格·西梅尔:《货币哲学》,于沛沛、林毅、张琪译,中国社会科学出版社2007年版。

[38]〔英〕劳伦斯·哈里斯:《货币理论》,梁小民译,中国金融出版社2017年版。

[39]〔奥〕路德维希·冯·米塞斯:《货币与信用理论》,孔丹凤译,上海人民出版社2018年版。

[40]〔美〕罗伯特·L.黑泽尔:《美联储货币政策史》,曾刚、陈婧译,社会科学文献出版社2016年版。

[41]〔德〕乌尔里希·宾得赛尔:《货币政策实施:理论、沿革与现状》,齐鹰飞、林山等译,东北财经大学出版社2013年版。

[42]〔德〕乌丽克·赫尔曼:《资本的世界史:财富哪里来?——经济成长、货币与危机的历史》,赖雅静译,远足文化事业股份有限公司2018年版。

[43] [苏]М.Н.萨夫卢克:《在社会主义条件下马克思主义货币理论的发展》,崔利贞、王志玲、李念斋译,中国金融出版社1987年版。

[44] [苏]艾·雅·布列格里:《资本主义国家的货币流通与信用》,中国人民大学货币流通与信用教研室译,中国人民大学出版社1953年版。

[45] [比]厄内斯特·曼德尔:《权力与货币:马克思主义的官僚理论》,孟捷译,中央编译出版社2001年版。

[46] [美]乔纳森·科什纳:《货币与强制:国际货币权力的政治经济学》,李巍译,上海人民出版社2013年版。

[47] [法]萨伊:《政治经济学概论》,陈福生、陈振骅译,商务印书馆1997年版。

[48] [美]杰弗里A.弗里登:《货币政治:汇率政策的政治经济学》,孙丹、刘东旭、王颖樑译,机械工业出版社2016年版。

[49] [美]阿弗拉姆·斯特罗:《二十世纪分析哲学》,张学广译,中国社会科学出版社2014年版。

[50] [美]M.K.穆尼茨:《当代分析哲学》,吴牟人、张汝伦、黄勇译,复旦大学出版社1986年版。

[51] [加]尼克·斯尔尼塞克:《平台资本主义》,程水英译,广东人民出版社2018年版。

[52] [美]丹·席勒:《信息资本主义的兴起与扩张》,王维佳译,北京大学出版社2018年版。

[53] [美]丹·希勒:《数字资本主义》,杨立平译,江西人民出版社2001年版。

[54] [美]丹·席勒:《数字化衰退:信息技术与经济危机》,吴畅畅译,中国传媒大学出版社2017年版。

[55] [法]贝尔纳·斯蒂格勒:《技术与时间2.迷失方向》,赵和平、印螺译,译林出版社2010年版。

[56] [法]贝尔纳·斯蒂格勒:《象征的贫困1:超工业时代》,张新木、庞茂森译,南京大学出版社2021年版。

[57] [法]贝尔纳·斯蒂格勒:《象征的贫困2:感性的灾难》,张新木、刘敏译,南

京大学出版社2022年版。

[58] ［日］高桥弘臣：《宋金元货币史研究：元朝货币政策之形成过程》，林松涛译，上海古籍出版社2010年版。

[59] 吕章申主编：《中国古代钱币》，中国社会科学出版社2011年版。

[60] 彭信威：《中国货币史》，上海人民出版社2015年版。

[61] 千家驹、郭彦岗：《中国货币演变史》，上海人民出版社2005年版。

[62] 叶世昌、李宝金、钟祥财：《中国货币理论史》，厦门大学出版社2003年版。

[63] 朱嘉明：《从自由到垄断——中国货币经济两千年》（上），远流出版事业股份有限公司2012年版。

[64] 朱嘉明：《从自由到垄断——中国货币经济两千年》（下），远流出版事业股份有限公司2012年版。

[65] 宋杰：《中国货币发展史》，首都师范大学出版社1999年版。

[66] 郑家相：《中国古代货币发展史》，生活·读书·新知三联书店1958年版。

[67] 王怡辰：《魏晋南北朝货币交易和发行》，文津出版社2007年版。

[68] 曲振涛、张新知：《外国货币侵华与掠夺史论：1845—1949》，中国财政经济出版社2008年版。

[69] 林美莉：《抗战时期的货币战争》，台湾师范大学历史研究所1966年版。

[70] 郑伯彬：《货币的本质与机能》，财政经济出版社1955年版。

[71] 李善明、周成启编：《马克思的货币理论》，贵州人民出版社1979年版。

[72] 李炳生：《马克思货币理论与中国金融问题》，吉林大学出版社1992年版。

[73] 孙利天：《让马克思主义哲学说中国话》，武汉大学出版社2010年版。

[74] 孙正聿：《哲学通论》，辽宁人民出版社2000年版。

[75] 胡海鸥、贾德奎：《货币理论与货币政策》，上海人民出版社2012年版。

[76] 长铗、韩锋等：《区块链：从数字货币到信用社会》，中信出版社2016年版。

[77] 姚前：《数字货币初探》，中国金融出版社2018年版。

[78] 姚前：《数字资产与数字金融：数字新时代的货币金融变革》，人民日报出版社2019年版。

[79] 姚前、陈华：《数字货币经济分析》，中国金融出版社2018年版。

[80] 刘明晶、刘政权：《数字化货币》，海天出版社1999年版。

[81] 李开复：《AI·未来》，浙江人民出版社2018年版。

[82] 宝山、文武：《法定数字货币》，中国金融出版社2018年版。

[83] 智慧芽：《人工智能全球格局：未来趋势与中国位势》，中国人民大学出版社2019年版。

[84] 国务院发展研究中心国际技术经济研究所、中国电子学会、智慧芽：《人工智能全球格局：未来趋势与中国位势》，中国人民大学出版社2019年版。

[85] 白龙滔：《数字货币：从石板经济到数字经济的传承与创新》，东方出版社2020年版。

[86] 李靖：《比特币的发展及其风险研究》，重庆大学出版社2020年版。

[87] 胡定核：《风云际会比特币》，经济日报出版社2023年版。

[88] 钟伟等：《数字货币：金融科技与货币重构》，中信出版社2018年版。

[89] 白津夫、葛红玲：《央行数字货币：理论实践与影响》，中信出版社2021年版。

[90] 袁满编：《人民币崛起》，中信出版集团2022年版。

[91] 肖风：《区块链：分布式商业与智数未来》，中信出版社2020年版。

[92] 李彦宏等：《智能革命：迎接人工智能时代的社会、经济与文化变革》，中信出版社2017年版。

[93] 李晶：《数字货币与日常生活》，上海人民出版社2021年版。

[94] 叶冰：《美元病：悬崖边缘的美元本位制》，中信出版社2020年版。

[95] 彭绪庶：《数字货币创新》，中国社会科学出版社2020年版。

[96] 乔洪武、李新鹏：《形同而质异马克思与当代西方经济学的货币伦理思想比较研究》，《哲学研究》2015年第7期。

[97] 杨洪源：《辩证法在其正确思想形式上的初步建立——重新探究〈1857—1858年经济学手稿〉中的货币辩证法》，《哲学研究》2019年第1期。

[98] 杨延超：《论数字货币的法律属性》，《中国社会科学》2020年第1期。

[99] 康翟:《金融资本主义批判语境中的马克思主义经济危机理论》,《哲学研究》2023年第5期。

[100] 韩立新:《"物"的胜利——以〈政治经济学批判大纲〉的〈货币章〉为中心》,《哲学研究》2017年第12期。

[101] 王国坛、庄晰尧:《作为凝结在物中的一般人类劳动的价值——关于马克思价值观的探索》,《哲学研究》2019年第4期。

[102] 欧阳康,[美]迈克尔·赫德逊:《货币·金融危机·新自由主义——关于现代化与当代资本主义的访谈》,《哲学研究》2010年第3期。

[103] 翁寒冰:《马克思对"商品的社会形式"之内在危机特性的探讨——一种超越抽象同一性维度的思考》,《哲学研究》2020年第4期。

[104] 邵然:《价值形式论的历史依据及其人类学哲学思想探析》,《哲学研究》2020年第1期。

[105] 周露平:《智能拜物教的哲学性质与批判超越》,《哲学研究》2021年第8期。

[106] 李巍:《伙伴、制度与国际货币——人民币崛起的国际政治基础》,《中国社会科学》2016年第5期。

[107] 韦森:《货币、货币哲学与货币数量论》,《中国社会科学》2004年第4期。

二、英文文献

[1] Michael S. Sackheim and Nathan A. Howell, *The Virtual Currency Regulation Review*, Law Business Research Ltd, 2019.

[2] David Lee Kuo Chuen, *Handbook of Digital Currency: Bitcoin, Innovation, Financial Instruments, and Big Data*, Academic Press is an imprint of Elsevier, 2015.

[3] Hanna Halaburda, Miklos Sarvary, Guillaume Haeringer, *Beyond Bitcoin: Economics of Digital Currencies and Blockchain Technologies*, Palgrave Macmillan, 2022.

[4] Ryan Derousseau, *The everything Guide to Investing in Crypto Currency: From Bitcoin to Ripple, the Safe and Secure Way to Buy*, Trade, and Mine Digital Currencies, 2019.

[5] Bernard Stiegler, *Automatic Society Volume 1:The Future of Work*, Politic Press, 2016.

[6] David Chaum, *Blind Signatures for Untraceable Payments*, Advances in Cryptology, Springer US, 1983.

[7] http://www.bitcoin.org/bitcoin.pdf.